Complemento de gramática y vocabulario

Recursos gratis para estudiantes y profesores
campus difusión

AULA 1 A1
CURSO DE ESPAÑOL NUEVA EDICIÓN
Complemento de gramática y vocabulario

Autores: Núria Murillo, Sergio Troitiño

Supervisión pedagógica: Pablo Garrido

Coordinación editorial y redacción: Pablo Garrido

Diseño: Besada+Cukar

Ilustraciones: Alejandro Milà **excepto:** Roger Zanni (págs. 22 y 34)

Fotografías: Sandro Bedini
excepto **unidad 1** pág. 6 Vykkdraygo/Dreamstime, Dio5050/Dreamstime, Roberto Pirola/Dreamstime, Vasabii/Dreamstime, Greenland/Dreamstime, singladura.net, Rangizzz/Dreamstime, Marek Uliasz/Dreamstime, Lim Seng Kui/Dreamstime, Ijansempoi/Dreamstime, Victor Georgiev/Istockphoto; **unidad 2** pág. 9 Núria Murillo (Stéphane y Chloé, Henrique), pág. 11 Alexander Shalamov/Dreamstime, Arbaes/Dreamstime, Lexa1112/Dreamstime, Tyler Olson/Dreamstime, Konstik/Dreamstime, Andrés Rodríguez/Dreamstime, Natursports/Dreamstime, SandraRBarba/Dreamstime, Aleksander Bedrin/Dreamstime, Shotsstudio/Dreamstime; **unidad 3** pág. 13 Tomas Fano/Flickr **unidad 4** pág. 16 Citalliance/Dreamstime, pág. 18 Juri Samsonov/Dreamstime, Andrejsv/Dreamstime, Evaletova/Dreamstime, Hunk/Dreamstime, Zbigniew Kosmal/Dreamstime, Gordana Sermek/Dreamstime, Ksena2009/Dreamstime **unidad 5** pág. 20 Maxriesgo/Dreamstime, Mauricio Jordan De Souza Coelho/Dreamstime; **unidad 6** pág. 24 Mangostock/Dreamstime (Berta); **unidad 7** pág. 28 Monkey Business Images/Dreamstime; **unidad 8** pág. 33 PictFactory/Flickr, Jordi Payà/Flickr; **unidad 9** pág. 37 Roberto Giovannini/Dreamstime

Agradecimientos: Agustín Garmendia

© Los autores y Difusión, S.L. Barcelona 2013
ISBN: 978-84-8443-967-7
Depósito legal: B 27169-2013
Reimpresión: diciembre 2017
Impreso en España por Gomez Aparicio

Queda prohibida cualquier forma de reproducción, distribución, comunicación pública y transformación de esta obra sin contar con la autorización de los titulares de la propiedadintelectual. La infracción de los derechos mencionados puede ser constitutiva de delito contra la propiedad intelectual (arts.270 y ss. Código Penal).

C/ Trafalgar, 10, entlo. 1ª
08010 Barcelona
Tel. (+34) 93 268 03 00
Fax (+34) 93 310 33 40
editorial@difusion.com

www.difusion.com

ÍNDICE

UNIDAD 1 / NOSOTROS
PÁG. 04

UNIDAD 2 / QUIERO APRENDER ESPAÑOL
PÁG. 8

UNIDAD 3 / ¿DÓNDE ESTÁ SANTIAGO?
PÁG. 12

UNIDAD 4 / ¿CUÁL PREFIERES?
PÁG. 16

UNIDAD 5 / TUS AMIGOS SON MIS AMIGOS
PÁG. 20

UNIDAD 6 / DÍA A DÍA
PÁG. 24

UNIDAD 7 / ¡A COMER!
PÁG. 28

UNIDAD 8 / EL BARRIO IDEAL
PÁG. 32

UNIDAD 9 / ¿SABES CONDUCIR?
PÁG. 36

MÁS GRAMÁTICA
PÁG. 40

VERBOS
PÁG. 54

GLOSARIO ALFABÉTICO
PÁG. 57

Recursos gratis para estudiantes y profesores
campus difusión

NOSOTROS

GRAMÁTICA

1. ¿A qué pronombres personales corresponden estas formas verbales? Márcalo.

	YO	TÚ	ÉL / ELLA / USTED	NOSOTROS / NOSOTRAS	VOSOTROS / VOSOTRAS	ELLOS / ELLAS / USTEDES
TIENEN						X
SOMOS						
TIENES						
ERES						
TENEMOS						
SOIS						
TENGO						
SOY						
ES						
TIENE						
SON						
TENÉIS						

2. Completa estos infinitivos con las terminaciones adecuadas.

- -ar
- -er
- -ir

1. trabaj......
2. estudi......
3. viv......
4. s......
5. ten......
6. viaj......
7. cocin......
8. escrib......
9. le......
10. bail......
11. cant......
12. esqui......

3. Completa las frases.

- ...años tienes?
- ...se dedica Julia?
- ...significa "mesa"?
- ...sois?
- ...te llamas?

1. ¿De dónde ....?
2. ¿Cómo ....?
3. ¿Qué ....?
4. ¿Cuántos ....?
5. ¿A qué ....?

4. Relaciona estas respuestas con las preguntas de la actividad anterior.

a. Mario. ¿Y tú?

b. Yo soy ruso y Florian es alemán.

c. Es periodista. Trabaja en un periódico digital.

d. *Table*.

e. Diecisiete.

a.	b.	c.	d.	e.

5. Escribe qué personas pueden ser el sujeto de las siguientes frases.

1.	¿A qué se dedica?	→	*él, ella, usted*
2.	¿Tiene correo electrónico?	→	
3.	¿De dónde eres?	→	
4.	¿Tienes móvil?	→	
5.	¿Es francés?	→	
6.	¿Cuántos años tienen?	→	
7.	¿Son arquitectos?	→	
8.	¿Es estudiante?	→	
9.	¿Es empresaria?	→	
10.	¿Sois italianas?	→	
11.	Trabajamos en un banco.	→	
12.	¿A qué se dedican?	→	
13.	Somos profesoras.	→	
14.	¿De dónde eres?	→	
15.	¿Sois periodistas?	→	

6. Javier hace una fiesta en su casa. Completa los diálogos de los invitados con las formas adecuadas de los verbos **ser** y **tener**.

• Hola, me llamo Javier, ¿y tú?
◦ Yo, Arthi.
• ¿De dónde .... ?
◦ .... india, de Nueva Delhi.

• ¿.................... de Madrid, Laura?
◦ No, ... de Valladolid, pero trabajo aquí, en Madrid.
• Ah… ¿Y a qué te dedicas?
◦ .... arquitecta. ¿Y tú?

• Hola, ¿qué tal? Me llamo Markus.
◦ Hola, yo .... Molly y él .... Mike.
• ¿De dónde .... ?
◦ Estadounidenses. ¿Y tú?
• Yo, alemán.

• ¿Cuál .... tu número de móvil?
◦ No .... móvil en España…
• ¿Y .... correo electrónico?

5

• Hola, ... Álvaro y Markus.
◦ Ah, hola. Yo me llamo Marta. Trabajo con Javier en el hospital.
• Ah, ¿.................... enfermera, como Javier?
◦ No, ... médica.

NOSOTROS

7. Completa las nacionalidades con la terminación correcta.

-o / -a	-í
-és / -esa	-ano /-ana
-ense	-eño/-eña

👤	👤
franc	franc
suec	suec
argentin	argentin
estadounid	estadounid
itali	itali
brasil	brasil
ingl	ingl
marroqu	marroqu

8. Escribe las siguientes profesiones.

1. Ce, o, ce, i, ene, e, erre, o:
   ....

2. E, ese, te, u, de, i, a, ene, te, e:
   ....

3. De, i, ese, e, eñe, a, de, o, erre:
   ....

4. Ese, e, ce, erre, e, te, a, erre, i, o:
   ....

5. Pe, e, erre, i, o, de, i, ese, te, a:
   ....

6. Ce, a, eme, a, erre, e, erre, o:
   ....

7. E, ene, efe, e, erre, eme, e, erre, o:
   ....

8. Pe, erre, o, efe, e, ese, o, erre:
   ....

VOCABULARIO

9. Escribe el nombre de estos objetos.

1. ....
2. ....
3. ....
4. ....
5. ....
6. ....
7. ....
8. ....
9. ....
10. ....
11. ....
12. ....

6 | seis

10. Relaciona **trabajar en** y **trabajar de** con palabras con las que se combinan. ¿Cómo dices lo mismo en tu lengua?

TRABAJAR EN
TRABAJAR DE

un gimnasio
camarero
una escuela
un hospital
secretario
un banco
profesor

11. Marca con qué verbos puedes combinar estas palabras.

SER	TENER	
X		italiano
		40 años
		correo electrónico
		periodista
		español
		móvil
		diseñador gráfico
		francesa
		de Venezuela

12. Escribe en letras la edad de estas personas y luego completa las frases con los nombres correspondientes.

JOHN: seis + seis + seis	=	
EVA: tres x diez	=	
SUKIO: treinta y cuatro − cuatro	=	
ALICE: nueve x dos	=	
JELENA: tres x siete + uno	=	
ATUL: treinta y nueve + cinco	=	
ROSALINDA: cuarenta y cuatro + diez	=	

1. .... tiene 22 años.
2. .... tiene 44 años.
3. .... tiene 54 años.
4. Eva y .... tienen 30 años.
5. .... y Alice tienen 18 años.

siete | 7

QUIERO APRENDER ESPAÑOL

GRAMÁTICA

1. Escribe las terminaciones de estos verbos en presente de indicativo y, luego, responde las preguntas.

	HABLAR	LEER	ESCRIBIR
(yo)	habl	le	escrib
(tú)	habl	le	escrib
(él/ella/usted)	habl	le	escrib
(nosotros/nosotras)	habl	le	escrib
(vosotros/vosotras)	habl	le	escrib
(ellos/ellas/ustedes)	habl	le	escrib

a. ¿Qué dos personas tienen terminaciones diferentes en los verbos terminados en **-er** e **-ir**?
.... y ....

b. ¿Qué persona es igual en las tres conjugaciones?
....

2. Escribe las siguientes formas verbales.

1. visitar, ella: *visita*
2. aprender, ellas: ....
3. escribir, vosotros: ....
4. ser, yo: ....
5. comer, ellos: ....
6. viajar, tú: ....
7. chatear, él: ....
8. vivir, nosotras: ....
9. comprender, usted: ....
10. estudiar, vosotras: ....
11. buscar, yo: ....
12. practicar, ustedes: ....
13. ver, nosotros: ....
14. cocinar, ellos: ....
15. escuchar, ella: ....
16. usar, yo: ....

3. Completa los diálogos con la forma adecuada del verbo **querer**.

1.
- ¿.................... ir al cine?
- Sí, vale, ¿y qué película vemos?
- Pues yo .... ver la nueva de Amenábar.

2.
- Laura y yo .... ir al museo Picasso este fin de semana. ¿.................... venir con nosotros?
- Ah, sí, genial.

3.
- Marcos y Daniela .... aprender chino.
- ¿Sí? Carla también. .... vivir en China.

4.
- ¿Qué hacéis este fin de semana?
- No sé, Carlos .... ir de excursión a Sierra Nevada, pero yo no...

4. Estas personas hablan de su relación con la cultura hispana. Completa con las formas verbales adecuadas.

1. Sophie
.... español en Salamanca. En casa, ... películas en español, porque quiero .... el cine español y latinoamericano. Además, quiero .... mejor a los españoles cuando hablan y .... palabras nuevas.

entender   ver   aprender (2)   conocer

8 | ocho

2

2. Stéphane y Chloé

Nosotros .... en Bruselas y .... un curso de salsa porque .... viajar a Cuba. No .... español, pero .... aprender un poco para nuestro viaje.

`vivir` `hablar` `hacer` `querer (2)`

3. Henrique

.... brasileño y .... cada año a Argentina o a Uruguay para .... lugares interesantes. Allí .... mucho el español: .... con la gente, ... el periódico en español, ... la televisión…

`viajar` `leer` `hablar` `descubrir`
`ser` `practicar` `ver`

4. Noam y Florent

Nosotros .... en Granada y .... compañeros de piso. .... cocineros y, a veces, en casa .... platos españoles.

`ser (2)` `vivir` `cocinar`

5. Completa con la opción correcta los planes de Paula para este fin de semana.

1. Quiere ir .... cine.
  a. a   b. al   c. de   d. a la

2. Quiere ir .... compras por el centro de Cádiz.
  a. a   b. de   c. de las   d. a la

3. Quiere .... visitar .... sus amigos en Conil de la Frontera.
  a. ø, ø   b. a, a   c. de, a   d. ø, a

4. En Conil, quiere ir .... la playa .... sus amigos.
  a. de, con   b. a, con   c. de, de   d. a, a

5. El domingo, quiere ir .... excursión .... Tarifa.
  a. a, de   b. de, a   c. a, ø   d. ø, de

6. Por la noche, quiere salir .... bailar.
  a. a   b. de   c. ø   d. al

6. Unos estudiantes hablan de las actividades del tablón de anuncios que quieren hacer. Completa la conversación con los artículos **el**, **la**, **los**, **las**.

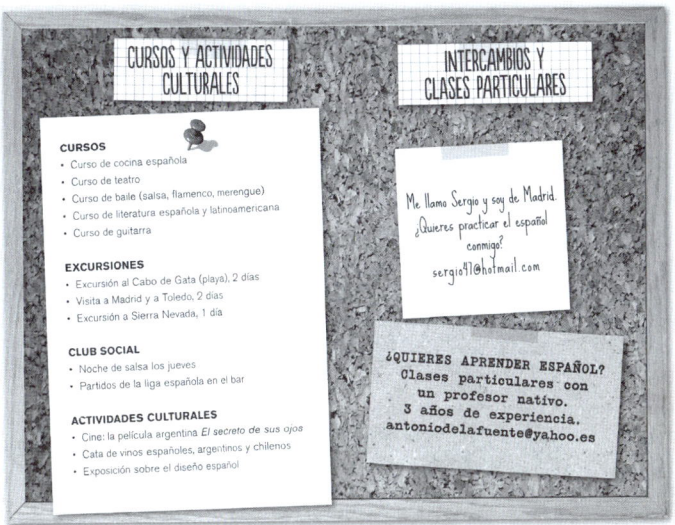

• Yo quiero hacer .... curso de cocina española. ¿Y tú?
○ Yo quiero ir a .... clases de salsa y flamenco. Ah, y hacer .... excursiones.
■ Sí, yo también. Sobre todo quiero hacer .... excursión al Cabo de Gata. Dicen que es un lugar muy bonito…
□ Pues yo quiero ir a .... exposición sobre el diseño español. Y también quiero ver .... partidos de la liga española y .... película argentina, porque el cine argentino es muy bueno.

nueve | 9

QUIERO APRENDER ESPAÑOL

7. ¿**Por**, **para** o **porque**? Lee estos anuncios de una página web de intercambios lingüísticos y subraya las opciones correctas.

1. Hola, me llamo Joost. Soy holandés y busco a alguien **para / por / porque** practicar español. Quiero hablar mucho **para / por / porque** necesito mejorar mi pronunciación.

2. Hola, soy Mark. Soy estadounidense y vivo en Washington. Necesito aprender español **para / por / porque** mi trabajo, **para / por / porque** tengo muchos clientes españoles. ¿Quieres hacer un intercambio por Skype conmigo?

3. Hola, soy Wendy y vivo en Londres. Quiero aprender español **para / por / porque** conocer a gente latina y **para / por / porque** quiero viajar por Latinoamérica seis meses. Enseño inglés a cambio.

4. Hola, me llamo Antoine y soy francés. Vivo en París, pero quiero ir a España unos meses **para / por / porque** trabajar allí. Quiero hacer un intercambio **para / por / porque** aprender español y conocer a gente nueva.

8. Escribe el plural de estas palabras en la columna correspondiente.

SINGULAR	PLURAL EN -S	PLURAL EN -ES
museo		
ciudad		
canción		
fiesta		
plato		
baile		
curso		
película		
excursión		
playa		

9. Escribe la opción correcta en cada caso.

1. .... vinos españoles son muy buenos.
   a. los   **b.** las

2. Marta y Ana .... ir a una fiesta.
   a. quieren   **b.** quiere

3. Vivo en España para aprender .... idioma.
   a. el   **b.** la

4. ¿Vosotros .... bien en inglés?
   a. escribís   **b.** escribes

5. Quiero .... español.
   a. aprender   **b.** aprendo

6. .... quieren ir a la playa este fin de semana.
   a. ella   **b.** ellas

7. .... gente en España es muy amable.
   a. el   **b.** la

8. ¿Usted para qué .... español?
   a. aprendes   **b.** aprende

10. ¿A quiénes se refieren los pronombres? Marca la opción u opciones correctas en cada caso.

1. **Ellos** quieren hacer un curso de salsa.
   a. María y Marta   **b.** Juan y Marta   **c.** Juan y Óscar

2. ¿**Vosotras** veis películas en español?
   a. María y Marta   **b.** Juan y Marta   **c.** Juan y Óscar

3. **Nosotros** viajamos mucho.
   a. María y Marta   **b.** Juan y Marta   **c.** Juan y Óscar

4. **Nosotras** tenemos muchos amigos argentinos.
   a. María y Marta   **b.** Juan y Marta   **c.** Juan y Óscar

5. **Ellos** viven en Madrid.
   a. María y Marta   **b.** Juan y Marta   **c.** Juan y Óscar

6. ¿**Vosotros** trabajáis en un hotel?
   a. María y Marta   **b.** Juan y Marta   **c.** Juan y Óscar

VOCABULARIO

11. Completa este crucigrama.

VERTICALES

1. aprender a
4. salir de
5. visitar la
7. ir a la
8. hacer

HORIZONTALES

2. ir al
3. ir de
6. ir de
9. hacer
10. salir a

12. Completa las actividades culturales que se pueden hacer en algunas escuelas de español.

cocina   películas   baile   montaña   vinos   museo
libros   platos   discoteca   pueblos   edificios

1. Cata de .... españoles: Rioja, Albariño...
2. Excursión a la .... : Fuente Dé.
3. Salimos a bailar a la mejor .... de Madrid: Kapital.
4. Curso de .... española. Aprendemos a preparar .... típicos: tortilla, paella...
5. Visita a dos .... de la provincia de Granada: Capileira y Bubión.
6. Sesión de cine hispano: .... españolas, argentinas y mexicanas.
7. Club de lectura para conocer algunos de los mejores .... de la literatura en español.
8. Clases de .... : salsa, merengue...
9. Visita al .... Sorolla de Madrid para conocer los mejores cuadros del pintor.
10. Visita a tres .... de Gaudí: La Sagrada Familia, La Pedrera y la Casa Batlló.

13. Completa las frases con estas palabras.

deporte   películas   música   platos
cuadros   excursiones   libros

1. En un cine ves ....
2. En una biblioteca lees ....
3. En un museo miras ....
4. En una montaña haces ....
5. En un concierto escuchas ....
6. En un gimnasio haces ....
7. En un curso de cocina aprendes a preparar ....

once | 11

¿DÓNDE ESTÁ SANTIAGO?

GRAMÁTICA

1. Completa los siguientes mails con formas adecuadas de los verbos **ser**, **estar** o **hay**.

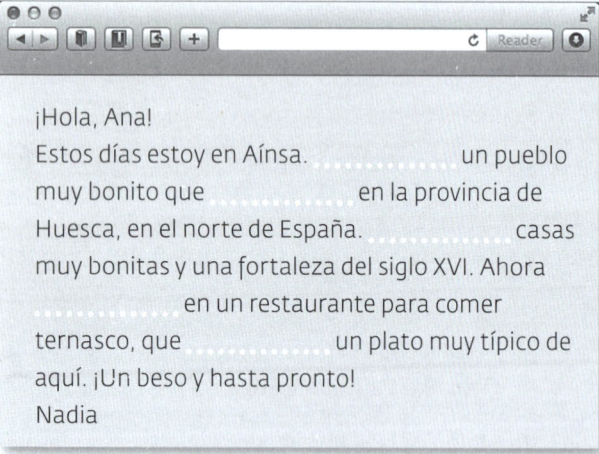

¡Hola, Ana!
Estos días estoy en Aínsa. _____ un pueblo muy bonito que _____ en la provincia de Huesca, en el norte de España. _____ casas muy bonitas y una fortaleza del siglo XVI. Ahora _____ en un restaurante para comer ternasco, que _____ un plato muy típico de aquí. ¡Un beso y hasta pronto!
Nadia

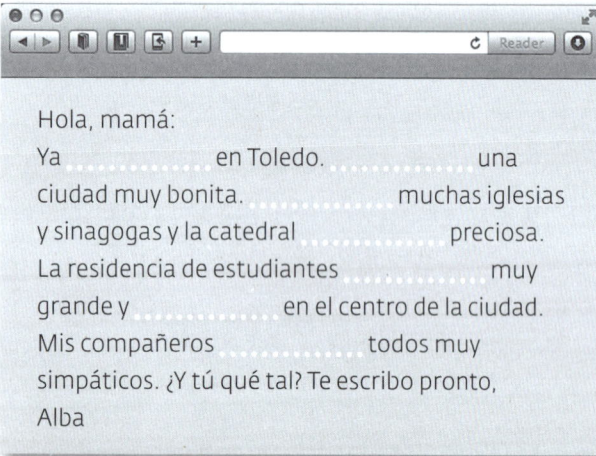

Hola, mamá:
Ya _____ en Toledo. _____ una ciudad muy bonita. _____ muchas iglesias y sinagogas y la catedral _____ preciosa. La residencia de estudiantes _____ muy grande y _____ en el centro de la ciudad. Mis compañeros _____ todos muy simpáticos. ¿Y tú qué tal? Te escribo pronto,
Alba

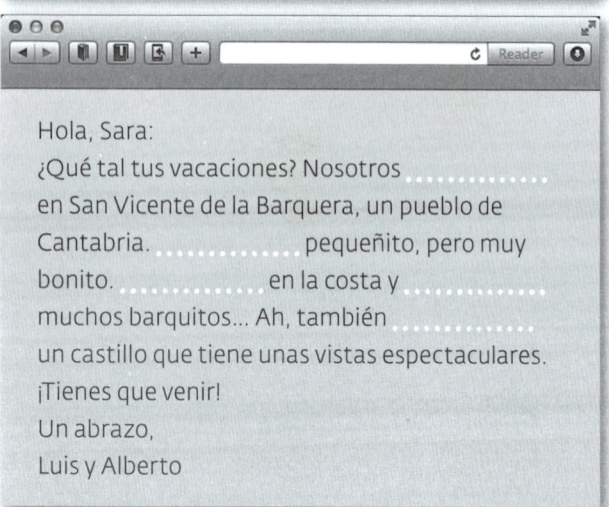

Hola, Sara:
¿Qué tal tus vacaciones? Nosotros _____ en San Vicente de la Barquera, un pueblo de Cantabria. _____ pequeñito, pero muy bonito. _____ en la costa y _____ muchos barquitos... Ah, también _____ un castillo que tiene unas vistas espectaculares. ¡Tienes que venir!
Un abrazo,
Luis y Alberto

2. Marca la opción correcta en cada caso.

1. En mi país **son / están / hay** dos ríos muy largos.
2. Salamanca **es / está / hay** una ciudad muy antigua.
3. Bilbao **es / está / hay** en el norte de España.
4. En Santiago **son / están / hay** muchos edificios antiguos.
5. Aquí la gente **es / está / hay** muy simpática.
6. Aínsa **es / está / hay** un pueblo de montaña.
7. Cádiz **es / está / hay** en Andalucía.
8. En Galicia **es / está / hay** playas muy bonitas.
9. La Alhambra **es / está / hay** muy conocida en todo el mundo.
10. En Almería el clima **es / está / hay** muy seco.

3. Completa las frases con **un / una / unos / unas**.

1. El Titicaca es _____ lago que está en Perú.
2. En Chichicastenago, Guatemala, hay _____ mercado muy famoso.
3. El tamal es _____ plato típico de algunos países de América Latina.
4. El bife a caballo es _____ plato típico de Argentina.
5. En Costa Rica hay _____ parques naturales preciosos.
6. En Tikal hay _____ ruinas mayas muy bonitas.
7. El tequila es _____ bebida típica de México.
8. El Aconcagua es _____ montaña que está en Argentina.
9. El peso es _____ moneda.
10. Boca Juniors es _____ equipo de fútbol argentino.

12 | doce

4. Completa el texto con **muy**, **mucho**, **mucha**, **muchos** o **muchas**.

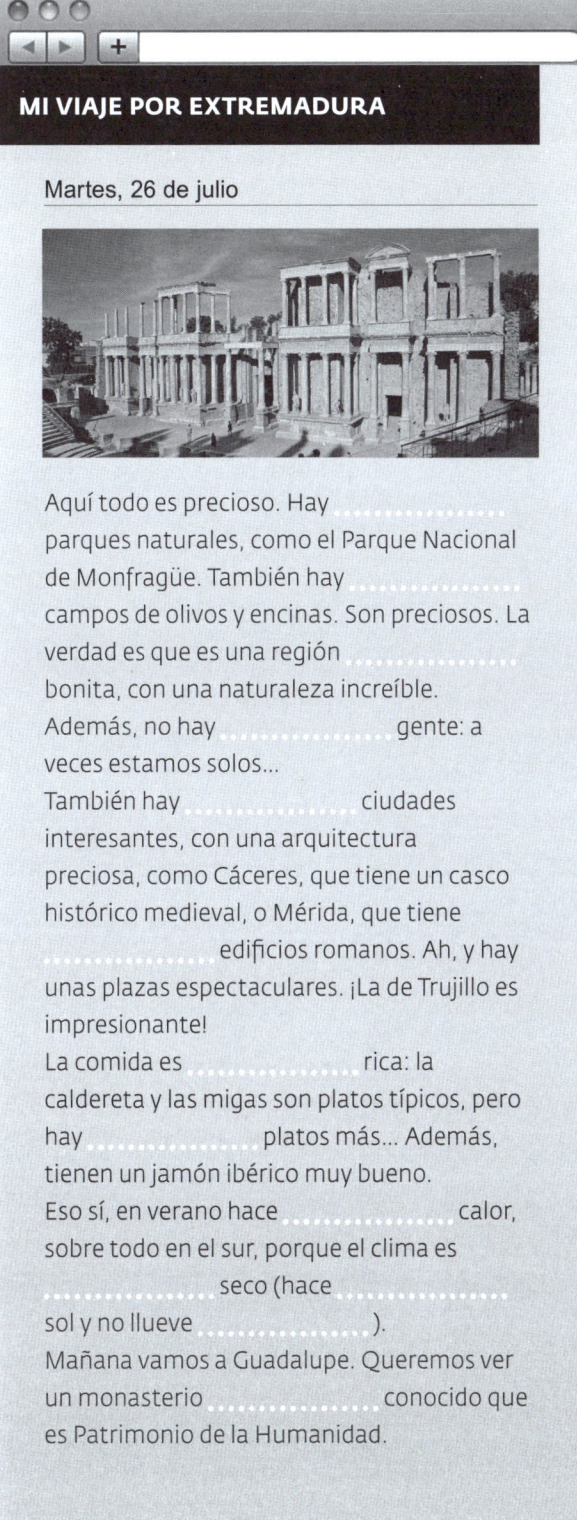

MI VIAJE POR EXTREMADURA

Martes, 26 de julio

Aquí todo es precioso. Hay .... parques naturales, como el Parque Nacional de Monfragüe. También hay .... campos de olivos y encinas. Son preciosos. La verdad es que es una región .... bonita, con una naturaleza increíble.
Además, no hay .... gente: a veces estamos solos…
También hay .... ciudades interesantes, con una arquitectura preciosa, como Cáceres, que tiene un casco histórico medieval, o Mérida, que tiene .... edificios romanos. Ah, y hay unas plazas espectaculares. ¡La de Trujillo es impresionante!
La comida es .... rica: la caldereta y las migas son platos típicos, pero hay .... platos más… Además, tienen un jamón ibérico muy bueno.
Eso sí, en verano hace .... calor, sobre todo en el sur, porque el clima es .... seco (hace sol y no llueve ....).
Mañana vamos a Guadalupe. Queremos ver un monasterio .... conocido que es Patrimonio de la Humanidad.

5. Completa las preguntas sobre España con el interrogativo adecuado (**qué**, **cómo**, **dónde**, **cuál / cuáles**, **cuántos / cuántas**).

1. • ¿.............. está Santander?
   ○ En Cantabria.

2. • ¿.............. es la fabada?
   ○ Una comida típica de Asturias.

3. • ¿.............. es el clima en el norte?
   ○ Es muy lluvioso.

4. • ¿.............. es la moneda de España?
   ○ El euro.

5. • ¿.............. lenguas oficiales hay en España?
   ○ Cuatro.

6. • ¿.............. son las cuatro ciudades más pobladas de España?
   ○ Madrid, Barcelona, Valencia y Sevilla.

7. • ¿.............. habitantes tiene el país?
   ○ Entre 45 y 50 millones.

6. ¿En qué destacan estos lugares de España? Forma frases como la del ejemplo.

~~ciudad~~	altas
isla	famosos
montañas	largo
río	grande
equipos de fútbol	~~poblada~~

1. Madrid es *la ciudad más poblada*.
2. Mallorca es ....
3. El Teide y el Mulhacén son ....
4. El Tajo es ....
5. El Barça y el Real Madrid son ....

trece | 13

¿DÓNDE ESTÁ SANTIAGO?

VOCABULARIO

7. Completa estas frases con las siguientes palabras.

> capitales, bebidas, monedas, países, cordilleras, platos, ríos, montañas, lagos, palacios, islas, lenguas, océanos, desiertos, volcanes

1. Madrid, París, Berlín y Pequín son ....
2. El tequila, el mate, el vino y el té son ....
3. El Everest y el Aconcagua son ....
4. Los Andes, Los Alpes y Los Pirineos son ....
5. El dólar, el euro y la libra son ....
6. México, India, China, y Bélgica son ....
7. El francés, el español y el checo son ....
8. El Nilo, el Tajo, el Sena, el Amazonas y el Támesis son ....
9. Las Azores, Mallorca, Madagascar, Australia y Japón son ....
10. La paella, la pizza, el goulash y el sushi son ....
11. El Sáhara, el Atacama y el Gobi son ....
12. El Etna, el Teide y el Fuji son ....
13. La Alhambra, Tokapi, Versalles y Buckingham son ....
14. El Atlántico, el Pacífico y el Índico son ....
15. El Titicaca, el Victoria, el Ness y el Hillier son ....

8. Completa las preguntas sobre España con los siguientes adjetivos.

> grande/s, turístico/-a/-os/-as, húmedo/-a/-os/-as, típico/-a/-os/-as, seco/-a/-os/-as, antiguo/-a/-os/-as, poblado/-a/-os/-as, alto/-a/-os/-as

1.
- ¿España es un país muy ....?
- Bueno... El número total de habitantes es de 47 millones.

2.
- ¿Qué es el gazpacho?
- Es un plato muy .... de Andalucía. Es una sopa fría de tomate.

3.
- ¿Cuáles son los lugares más ....?
- Principalmente, Madrid y Barcelona. También Granada y la costa mediterránea.

4.
- ¿Cómo es el clima?
- Pues depende. En el noroeste el clima es bastante ...., porque llueve mucho. Pero hay algunas zonas muy ...., casi desérticas.

5.
- ¿Qué es el Aneto?
- Es la montaña más .... de los Pirineos. Tiene una altitud de 3404 metros.

6.
- ¿Cuál es la Comunidad Autónoma más ....?
- Castilla y León. Tiene una superficie de 93 813 km².

7.
- La Mezquita de Córdoba es muy ...., ¿no?
- Sí, es del siglo VIII d.C.

9. Lee este texto. Fíjate en las palabras destacadas y completa las tablas de abajo.

UN PAÍS. MUCHOS CLIMAS

España es un país con muchos climas diferentes. En la zona mediterránea los veranos son muy secos, no **llueve** mucho y no hace **frío**. En el norte en general llueve mucho y las temperaturas son suaves. Galicia, Asturias o Cantabria son zonas muy **lluviosas** y hay mucha **humedad**. Además, en esos lugares muchos días está **nublado**. En el interior, las temperaturas son más extremas: los veranos son muy **calurosos** y los inviernos son muy fríos (en algunos lugares **nieva** mucho). En muchas zonas del sur hay **sequía** en ciertas épocas del año porque no llueve durante largos períodos.

SUSTANTIVO	ADJETIVO
calor	
	seco
	húmedo
nube	
	frío
lluvia	

SUSTANTIVO	VERBO
nieve	
lluvia	

10. ¿Qué palabras asocias con cada estación del año?

PRIMAVERA

VERANO

OTOÑO

INVIERNO

¿CUÁL PREFIERES?

GRAMÁTICA

1. Combina estos elementos con los artículos de abajo para escribir qué lleva Clara en su maleta.

pantalones	corto	blanca
zapatillas	vaqueros	negros
vestido	vaquera	negras
chaqueta	deportivas	blanco

1. un ....
2. una ....
3. unos ....
4. unas ....

2. Completa los siguientes diálogos con las terminaciones adecuadas.

1.
- ¿Te gusta est........ vestido roj........? ¿O prefieres est........ otro?
- A ver... No está mal, pero prefiero el blanc........ .
- ¿Sí? Claro, pero también es más car........ .
- ¿Cuánto cuest........?
- Sesenta euros.
- Uf, sí... ¿Y est........ falda negr........?
- No, no es mi estilo...
- Ya...
- Va, me pruebo los vestidos. ¿Tú quieres algo?
- Sí, unos pantalones, pero no sé cuáles. Mira, prefieres est........ o est........?
- Los vaqueros azul........ .
- Sí, yo creo que también.

2.
- ¿Qué te parecen est........ botas?
- Son precios........, pero quizás son un poco pequeñ........, ¿no?
- Sí, un poco...
- ¿Y est........?
- Son muy bonit........, pero son negr........ y yo las quiero marron........ . ¡Además cuest........ casi doscient........ euros!

3. ¿**Tener** o **tener que**? Elige la opción correcta.

1. **Tengo** / **tengo que** comprar unas sandalias nuevas.
2. Mi hermana **tiene** / **tiene que** unas gafas de sol muy caras.
3. • ¿Hace frío en Bilbao? ¿**Tengo** / **tengo que** llevar un jersey?
   ○ Sí, ¡un jersey y un abrigo!
4. • **Tengo** / **tengo que** comprar un biquini.
   ○ ¿No **tienes** / **tienes que**?
   • Sí, **tengo** / **tengo que** un biquini blanco precioso, pero no sé dónde está...

4. Completa estas frases con la forma correcta del verbo **ir**.

1.
- Paula .... todos los días al gimnasio.
- ¿Y tú no .... con ella?
- No, yo prefiero hacer deporte al aire libre: correr, ir en bici...

2.
- Úrsula y Tina .... mucho de compras, ¿no?
- Sí, y tienen ropa muy bonita...

3.
- ¿Dónde compráis los libros?
- Normalmente .... a una librería que está en el centro.

4.
- Quiero comprar un regalo para un niño de cuatro años. ¿A qué tienda ....?
- Tienes que ir a Imaginarium, tienen muchos juguetes.

5.
- ¿Vosotros .... mucho a la montaña, ¿no?
- Sí, para esquiar.

5. ¿**Un**, **una**, **unos** o **unas**?

un	una	unos	unas	
			X	sandalias
				zapatos
				jersey
				gafas de sol
				falda
				vestido
				zapatillas
				chaqueta
				gorro
				gorra
				medias
				biquini

6. Completa los diálogos con los artículos necesarios.

el

| un | una | uno | unos |

| ø |

1.
- ¿Qué llevas en la maleta?
- No muchas cosas… .... pantalones, ... camiseta, ... biquini y .... ropa interior.

2.
- ¿Llevas .... dinero?
- Sí, ¿cuánto quieres?
- Solo 4 euros para comprar .... pasta de dientes.

3.
- ¿Qué tenemos que llevar para el viaje? .... guía…
- Sí, y tú tienes que llevar .... carné de conducir.

7. Este es el stock de una tienda de ropa. Escribe en letras la cantidad de prendas que tienen de cada tipo. ¡Cuidado con el género!

Camisetas: 400

| Pantalones: 300 |

| Jerséis: 250 |

| Chaquetas: 200 |

| Corbatas: 500 |

| Abrigos: 21 |

| Gorras: 21 |

diecisiete | **17**

¿CUÁL PREFIERES?

8. Señala a qué objetos se refieren las frases de la tabla.

1.	Las blancas son más originales.
2.	Prefiero el largo.
3.	Los blancos son más caros.
4.	Prefiero los cortos.
5.	El negro es precioso.
6.	Las negras son muy elegantes.
7.	El corto es muy barato.
8.	Las blancas son muy cómodas.
9.	La negra cuesta 20 euros.
10.	La más barata es la blanca.

VOCABULARIO

9. Marina va de compras y dice estas frases. ¿Qué significan? Relaciona.

DICE	SIGNIFICA
1. Es precioso.	a. Ella tiene una talla más grande.
2. Es un poco cara.	b. Cree que no cuesta mucho dinero.
3. Es feo.	c. Cree que es muy bonito.
4. Es muy barata.	d. Cree que no es bonito.
5. Es un poco pequeño.	e. Cree que no es común, no hay muchas cosas iguales.
6. Es un poco grande.	f. Cree que cuesta mucho dinero.
7. Es original.	g. Ella tiene una talla más pequeña.

10. Traduce a tu lengua las siguientes frases. ¿Traduces siempre igual el verbo **llevar**?

1. Cuando voy de viaje siempre **llevo** mi ordenador portátil.	
2. • ¿Tengo que **llevar** una toalla? ○ No, hay toallas en el hotel.	

18 | dieciocho

3.
Casi nunca **llevo** dinero. Siempre pago con la tarjeta de crédito.

4.
Laura **lleva** un vestido negro y unas sandalias rojas.

5.
Los enfermeros normalmente **llevan** ropa blanca.

6.
Marta **lleva** un vestido verde muy bonito.

11. Señala las cosas que puedes decir de unos pantalones.

PANTALONES
- ☐ interesantes
- ☐ de tirantes
- ☒ cortos
- ☐ de mujer
- ☐ originales
- ☐ de hombre
- ☐ largos
- ☐ de manga corta
- ☐ de tacón
- ☐ de manga larga
- ☐ vaqueros
- ☐ bonitos
- ☐ clásicos
- ☐ rojos
- ☐ de sol
- ☐ baratos
- ☐ simpáticos

12. ¿Qué productos podemos comprar en estas tiendas? Puedes añadir otros.

libros · sandalias · juegos · bolsos · camisetas · revistas · zapatos · guías de montaña · vestidos · gorros · jerséis · chaquetas · revistas · guías turísticas · botas · faldas

1. En una zapatería

2. En una librería

3. En una tienda de juguetes

4. En una tienda de ropa de mujer

diecinueve | 19

TUS AMIGOS SON MIS AMIGOS

GRAMÁTICA

1. ¿A qué se refieren estas frases?

1. No me gustan mucho.
   a. las grandes ciudades   b. la naturaleza

2. Me gusta mucho.
   a. las películas de terror   b. el cine español

3. Me encantan.
   a. unas gafas de sol   b. un mp3

4. No me gusta nada.
   a. bailar   b. las discotecas

5. Sí, sí que me gusta.
   a. caminar por la montaña   b. los parques

6. Me gusta, me gusta.
   a. aprender español   b. los idiomas

2. Completa los testimonios de Elías y Sara con la forma adecuada del verbo **gustar** y el pronombre correspondiente.

1.
**Elías.
32 años.
Salamanca**

A mí .... el rock. También .... los conciertos y la música en directo. A Isabel, mi novia, ... la música clásica. También .... los ambientes tranquilos. Está claro, a mi novia y a mí no .... los mismos estilos musicales. Bueno, sí, a los dos .... el latin jazz.

2.
**Sara.
29 años.
Málaga**

.... salir con mis amigos a bailar. A todos .... la música dance. A mis amigos también .... mucho el flamenco, pero a mí no .... nada. Los ritmos latinos tampoco ....

3. Completa la tabla.

	me	
A ti		**gusta/n**
A él / ella / usted		**encanta/n**
		interesa/n
	os	
A ellos / ellas / ustedes		

4. Completa las frases con la forma adecuada de los verbos entre paréntesis.

1. A mi hija no (gustar) .... bailar.
2. A Juana y a Tomás (encantar) .... la comida mexicana.
3. Chicas, ¿a vosotras (interesar) .... el flamenco? Hay un concierto esta noche.
4. A todo el mundo (gustar) .... ver una película con sus amigos, ¿no?
5. A mí (gustar) .... estos zapatos. ¿Y a ti?
6. A mis estudiantes (encantar) .... los ejercicios de gramática.
7. Oye, Carlos, ¿a ti (interesar) .... la fotografía?
8. A mis hijas no (gustar) .... nada mis platos. Dicen que cocino muy mal.
9. A nosotros (encantar) .... los festivales de reggae.

5. Escribe las respuestas adecuadas en cada caso: **a mí sí**, **a mí no**, **a mí también**, **a mí tampoco**.

1.
☺ Me interesa mucho el arte.
☺ ....
☹ ....

2.
☹ No me gustan nada los deportes.
☹ ....
☺ ....

3.
☺ Me encantan los niños pequeños. ¿A vosotros no?
☹ ....
☺ ....

4.
☹ No me gustan las revistas de moda.
☺ ....
☺ ....

6. Completa las frases con el verbo adecuado: ¿**preferir** o **gustar**?

1
• ¿Quieres un café o té?
○ .... un café, gracias.

2
• ¿Qué te parece esta canción?
○ .... Es una de mis favoritas.

3
• ¿Quieres venir a correr por la playa?
○ No. .... quedarme en casa. Estoy un poco cansada.

4
• Mi gato se llama Chomsky.
○ ¡...........................! Es un nombre muy simpático para un gato.

5
• ¿Madrid o Barcelona?
○ Madrid .... mucho, pero .... Barcelona porque tiene mar.

6
• ¿Quieres escuchar música?
○ No, ahora no. .... hacer otra cosa.

7. Completa las frases con **muy**, **mucho** o la forma adecuada de **mucho/a/os/as**.

1. En España hay .... festivales de música.
2. Sara juega .... con sus primos.
3. Me gustan .... tipos de música.
4. Soy .... aventurera
5. Tere disfruta .... con sus hijos.
6. Me gusta .... leer, escribir y viajar.
7. Escucho .... pop independiente.
8. Soy .... divertida y habladora.
9. A mi novia le gusta .... la música soul.
10. Escucho .... música electrónica.
11. Pedro es .... guapo y .... deportista.
12. No me gusta .... ir a conciertos, porque hay .... gente.
13. Es .... hablador y le gusta .... el jamón serrano.

TUS AMIGOS SON MIS AMIGOS

8. Completa con el posesivo correcto (el poseedor está destacado en verde).

1. El país donde **yo** vivo o de donde yo soy es .... país.
2. El padre de **Carlos y Ana** es .... padre.
3. La gente con la que **nosotros** vamos a clase son .... compañeros.
4. El boli que usa **Juan** es .... boli.
5. Las personas que viven en el mismo edificio que **vosotros** son .... vecinos.
6. La casa de **la prima de Paco** es .... casa.

VOCABULARIO

9. Mira este árbol genealógico y completa las frases de abajo.

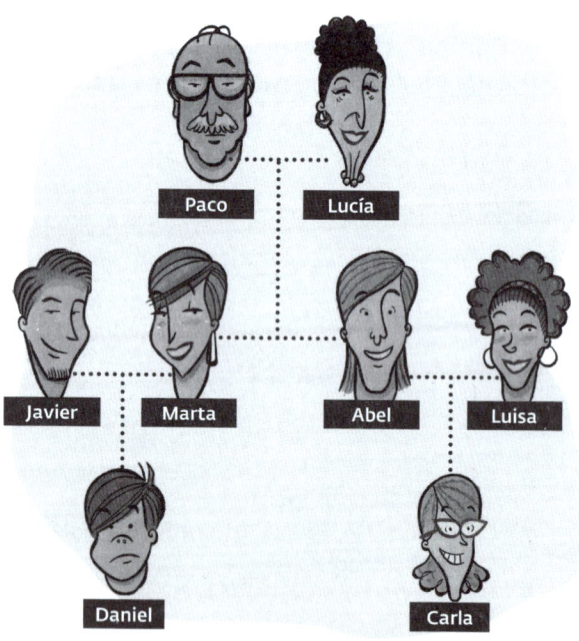

1. .... es el **abuelo** de Carla y de Daniel.
2. .... es el **marido** de Marta.
3. .... es el **yerno** de Paco y de Lucía.
4. .... es el **tío** de Daniel.
5. .... es el **padre** de Carla.
6. .... es el **sobrino** de Luisa.
7. .... es la **hermana** de Abel.

10. Observa de nuevo el árbol genealógico y completa con el vocabulario de relaciones familiares.

1. Daniel es el .... de Carla.
2. Carla es la .... de Lucía.
3. Lucía es la .... de Marta.
4. Marta es la .... de Javier.
5. Javier es el .... de Luisa.
6. Luisa es la .... de Paco.
7. Paco es el .... de Javier.

11. Escribe el equivalente de estas palabras en tu lengua. Puedes usar el diccionario.

primo / prima	
abuelo / abuela	
hermano / hermana	
tío / tía	

marido / mujer	
sobrino / sobrina	
yerno / nuera	
cuñado / cuñada	
nieto / nieta	
padre / madre	
suegro / suegra	

12. Completa las frases con la expresión adecuada en cada caso.

SER	viudo/a/os/as novios/as pareja compañeros/as
ESTAR	soltero/a/os/as casado/a/os/as divorciado/a/os/as
TENER	novio/a pareja

1. Tobías y Marcela .... son marido y mujer.
2. Gloria .... no está casada.
3. Jacobo y Azucena .... ahora no están casados, pero antes, sí.
4. Encarna .... su marido, Federico, está muerto.
5. Águeda y Esteban .... salen juntos y quieren casarse algún día.
6. Toni .... sale con una chica, Clara, desde hace dos meses.
7. Agustín, Mabel y Encarna .... trabajan en la misma oficina.

13. Combina las palabras de los cuadros con las diez palabras de abajo para formar expresiones. A veces hay más de una posibilidad.

música
de música
de la música
musicales

1. .... clásica
2. .... revista
3. .... tipo
4. .... disco
5. .... festivales
6. .... escuchar
7. .... grupos
8. .... gustos
9. .... rock
10. .... amante

DÍA A DÍA

GRAMÁTICA

1. Completa con los verbos que faltan en la forma adecuada.

A.

- levantarse
- empezar
- volver
- acostarse
- trabajar
- salir
- hacer

¿CUÁL ES TU HORARIO DE TRABAJO?

Berta Rodrigo. 38 años. Taxista

Depende del turno... Cuando .... de día, ... pronto, a las siete de la mañana más o menos. .... a trabajar a las ocho. Normalmente a las tres, más o menos, ... una pausa para comer. .... a casa a las seis de la tarde. Si trabajo de noche, ... de casa sobre las 22 h. Estos días .... a las siete de la mañana aproximadamente. Por suerte, los domingos no trabajo. ¡Es mi único día de descanso!

B.

- levantarse
- empezar
- llegar
- acostarse
- comer
- terminar
- volver
- dormir
- ir

Natalia Aparicio. 20 años. Estudiante

En general .... muy pocas horas. .... a las 8.30 h o a las nueve menos cuarto. Las clases .... a las nueve y muchas veces .... tarde. A mediodía, normalmente .... con mis compañeros de clase en el bar de la facultad y a las tres .... a clase. Las clases .... a las cinco o a las seis. Después .... a la biblioteca con una compañera, pero no todos los días. Por la noche me gusta salir con mis amigos y, claro, nunca .... antes de la una.

2. Completa las frases con la forma adecuada del presente de los verbos entre paréntesis.

1. Jonah siempre me (pedir) .... el diccionario.

2. Isabel (querer) .... salir esta noche, pero nosotros (preferir) .... ver una película en casa.

3. Yo siempre (hacer) .... los deberes. ¿Y tú?

4. • Esta noche Lucía y yo (ir) .... a tomar algo y a bailar. ¿(venir) .... con nosotras?
   ○ No, imposible. Mañana (tener) .... un examen a las 9 h de la mañana.

5. No (encontrar) .... mi móvil.

6. ¿Tú qué (hacer) .... primero: (verstirse) .... o (tomar) .... un café?

24 | veinticuatro

3. Mira la agenda de José Luis. ¿Con qué frecuencia hace estas actividades?

lunes	martes	miércoles	jueves	viernes	sábado	domingo
correr clases biblioteca	correr clases tenis	correr clases biblioteca	correr clases	correr biblioteca	correr tenis salir	¡dormir! biblioteca

dormir hasta tarde
estudiar en la biblioteca
salir con sus amigos
hacer yoga
ir a correr
ir a clase
jugar al tenis

1. Casi todos los días ....
2. De lunes a jueves ....
3. Dos veces a la semana ....
4. Día sí, día no ....
5. Una vez a la semana ....
6. El domingo por la mañana ....
7. Nunca ....

4. Escribe estas horas.

8:15
9:25
10:35
23:45
20:08
05:30

5. Completa las horas con la forma adecuada del verbo **ser**. Después, escríbelas en números.

.... las tres y media.
.... la una menos veinte.
.... las seis y cuarto.
.... las dos menos cuarto.
.... la una y cinco.
.... las cinco menos veinticinco.
.... las once y veintiuno.

6. Completa las frases con **a**, **de**, **en**, **por** o **Ø**.

1. Mis clases empiezan .... las nueve .... punto .... la mañana.
2. .... los domingos me levanto .... las diez y media.
3. .... el martes .... la mañana voy a la universidad y .... la tarde juego al tenis.
4. .... todos los días antes .... dormir leo un rato en la cama.
5. .... verano viajo con mis amigos.
6. .... mediodía como en la cafetería de la universidad y .... la noche ceno en casa.
7. Voy al supermercado una vez .... la semana.
8. Normalmente estudio en la biblioteca después .... salir de clase.

veinticinco | 25

DÍA A DÍA

VOCABULARIO

7. ¿De qué día o días de la semana se habla en cada caso?

1. El primer día de la semana en España: ....
2. El día en que todas las tiendas cierran en España: ....
3. Empieza con la letra uve: ....
4. Empiezan con la letra eme: .... y ....
5. Los días del fin de semana: .... y ....
6. El cuarto día de la semana: ....

8. Relaciona cada adjetivo con la descripción del tipo de persona al que se refieren.

| tímido/a |
| juerguista |
| dormilón/ona |
| presumido/a |
| sano/a |
| casero/a |

1. Le gusta ponerse ropa bonita y elegante y se mira mucho al espejo.
2. No le gusta mucho salir, prefiere estar en casa.
3. Siempre hace deporte, come muchas verduras, nunca fuma y no bebe alcohol.
4. No le gusta levantarse pronto y le encanta dormir mucho.
5. Casi nunca está cómodo cuando tiene que hablar en público o cuando conoce a gente nueva.
6. Le encantan las fiestas y salir por la noche los fines de semana.

9. ¿Cómo se combina el verbo **ir** con estas palabras? Escribe cada una en su lugar correspondiente.

cine · concierto · playa · clase · excursión · teatro · compras · exposición · universidad

IR
- a ....
- al ....
- a la ....
- a un ....
- a una ....
- de ....

10. ¿Con qué verbo se combinan estas palabras? Clasifícalas en la tabla.

- fotos
- de noche
- a bailar
- la compra
- a clase
- los deberes
- a la piscina
- yoga
- al baño
- de casa
- al gimnasio
- con Fernando
- deporte
- a la peluquería
- la cama
- con unos amigos

IR	SALIR	HACER

11. Lee las pistas y forma palabras o expresiones con la palabra **hora**.

1. 60 minutos.	...una... hora
2. Frase para pedir la hora.	Perdona, ¿.......... hora?
3. Palabra que significa "en este mismo momento".	....hora
4. 30 minutos.	..........hora
5. Principio de una frase para preguntar cuándo sucede algo.	¿.... .... hora...?
6. Tiempo que una persona está en el trabajo.	hora..... de trabajo

12. Lee las pistas y forma palabras o expresiones con la palabra **día**.

1. Fórmula para saludar.	¡............ días!
2. Lunes, martes, miércoles..., ¡siempre!	.... días
3. Nombre de la parte del día entre las 13 y las 15 h, aproximadamente.	..........día
4. A esta pregunta puedes responder: "¿Hoy? Viernes.".	¿.... día ....?
5. Nombre de la celebración del 6 de enero en la que los niños españoles reciben sus regalos.	día ....

13. Clasifica los meses del año.

abril   febrero   mayo
agosto julio   noviembre
diciembre junio   octubre
enero   marzo   septiembre

primavera	
verano	
otoño	
invierno	

veintisiete | 27

¡A COMER!

GRAMÁTICA

1. Relaciona cada frase con su posible respuesta.

1. Creo que aquí la gente trabaja muchas horas.
2. Paula por las mañanas trabaja como profesora voluntaria y por las noches trabaja en una tienda de informática. Y, además, algunos sábados organiza excursiones para turistas.

a. Sí, **trabaja** mucho.
b. Sí, **se trabaja** mucho.

2. Completa las siguientes generalizaciones sobre varios países. Atención: en algunas puedes usar las formas con **se** y en otras no.

1. Los italianos (comer) .... mucha pasta.
2. En Francia (servir) .... el queso al final de las comidas.
3. En El Caribe (usar) .... el plátano en muchos platos.
4. Los alemanes (beber) .... mucha cerveza.
5. En La India (poner) .... mucho picante en las comidas.
6. Los españoles (cocinar) .... con bastante aceite de oliva.

3. ¿Cuál de las dos opciones es el sujeto en cada caso?

1. .... **se aprenden** para comunicarse.
   a. Las lenguas
   b. Los estudiantes

2. .... **se come** muy pronto.
   a. Mi hermano
   b. En mi casa

3. .... **se preparan** los mejores cócteles de la ciudad.
   a. En ese bar
   b. Esos dos camareros

4. .... **se dice** "buen provecho" cuando alguien come.
   a. En España
   b. Un amigo español

5. .... **se elaboran** los mejores jamones de la ciudad.
   a. Estas regiones
   b. Aquí

4. Señala a cuál de las dos opciones se refiere el pronombre destacado en cada frase.

1. **Las** como en ensalada.
   a. las zanahorias
   b. los tomates

2. **La** tomo muy caliente.
   a. el café
   b. la leche

3. En este restaurante **lo** hacen muy bueno.
   a. la paella
   b. el cocido

4. **Los** compro en el súper.
   a. las sardinas
   b. los huevos

5. Completa las siguientes conversaciones con el pronombre correspondiente (**lo**, **la**, **los**, **las**).

1.
- Un té, por favor.
- ¿.......... quiere con leche o con limón?

2.
- Estos macarrones están deliciosos.
- No están mal, pero mi madre .... hace mejor.

3.
- Unas patatas fritas, por favor.
- ¿.......... quieres con kétchup o con mayonesa?

4.
- ¿A ti cómo te gusta comer la tortilla?
- ¿La tortilla? Pues siempre .... como fría.

6. Observa cómo funciona la forma impersonal con **se** y cómo funciona la forma conjugada en la frase del ejemplo. ¿Puedes completar las demás frases?

> Generalmente la paella *se hace* con carne y pescado, pero yo la *hago* solo con verduras.

1. La mayonesa (comprar) .... en el supermercado, pero yo la (hacer) .... en casa. Es muy fácil.

2. En general la piel de los limones no (usar) ...., pero yo la (usar) .... para hacer postres.

3. En España los turrones (comer) .... durante las fiestas de Navidad, pero yo los (comer) .... todo el año.

VOCABULARIO

7. Escribe el artículo correspondiente (**el**, **la**, **los**, **las**).

el	agua
	té
	leche
	café
	fruta
	pan
	macarrones
	kétchup
	calamares
	queso
	flan
	yogur
	gambas
	croquetas
	aceite
	nachos
	bistec
	arroz
	verdura
	fideos

¡A COMER!

8. Clasifica estos alimentos. ¿Puedes añadir otros en cada categoría?

anchoas, atún, bacalao, cebolla, cerveza, chorizo, cordero, gambas, jamón, lechuga, limones, macarrones, melón, merluza, naranjas, pan, patatas, pavo, pepino, pimiento, pollo, queso, yogur, ternera, vino

PRODUCTOS LÁCTEOS	CEREALES Y PASTA	CARNE Y EMBUTIDO	FRUTA	VERDURAS Y HORTALIZAS	BEBIDAS	PESCADO Y MARISCO

9. Completa la tabla con los nombres de las comidas del día en España y los verbos correspondientes.

HORA APROXIMADA	entre las 7 y las 9 h	entre las 13.30 y las 15.30 h	entre las 17 y las 18 h	entre las 20 y las 22 h
NOMBRE				
VERBO	*desayunar*			

10. Aquí tienes seis maneras de preparar algunos alimentos. Completa los casos donde faltan palabras.

1. ternera .... guisada
2. pollo .... asado
3. pavo .... plancha
4. cordero .... horno
5. verduras .... vapor
6. patatas .... fritas

11. Completa con las preposiciones **con**, **de** y **sin**.

1. zumo .... naranja
2. café .... leche
3. sopa .... verduras
4. helado .... vainilla
5. bacalao .... tomate
6. yogur .... miel
7. agua .... gas
8. cerveza .... alcohol

12. Traduce estas expresiones a tu lengua. ¿La palabra **plato** se traduce igual en todos los casos?

un **plato** de verduras	
un **plato** de plástico	
primer **plato**	

13. Traduce estas expresiones a tu lengua. ¿El verbo **pedir** se traduce igual en todos los casos?

pedir un bocadillo	
pedir información	
pedir la cuenta	
pedir en un restaurante	
pedir un favor	

14. Observa los siguientes usos de los verbos **llevar** y **poner** y traduce las partes destacadas en cada ejemplo.

1. Normalmente **los tacos llevan carne** y alguna salsa.
   ....

2. En muchos bares hay **comida para llevar**.
   ....

3. Para salir a comer en España hay que **llevar dinero en efectivo** porque no siempre se puede pagar con tarjeta.
   ....

4. Hoy Luis **lleva unos pantalones** horribles, ¿no crees?
   ....

5. • ¿**Le pongo algo más**?
   ○ Sí, una botella de agua, por favor.
   ....

6. ¿**Te pones perfume** todos los días?
   ....

7. ¿Dónde **pongo la leche**: en la nevera o en el armario?
   ....

EL BARRIO IDEAL

GRAMÁTICA

1. Completa estas conversaciones.

1.
- Disculpe, ¿en este barrio .... hotel?
- Sí, ... El hotel Miraflores.
  a. no hay ningún
  b. hay algún
  c. hay uno

2.
- Perdona, ¿por aquí .... tiendas de ropa?
- Pues no, lo siento ....
  a. hay
  b. hay alguna
  c. no hay ninguna

3.
- ¿Dónde está la oficina de correos?
- En este barrio .... Tiene que ir a la del centro.
  a. no hay ninguna
  b. no hay ninguno

4.
- Perdón, ¿.................... iglesia en el barrio?
- Sí, ... Está en la plaza de Santa Ana, creo.
  a. hay una
  b. no hay ninguna
  c. hay alguna

5.
- ¿Sabe dónde está el cine Comedia?
- Ese cine ya está cerrado. Ahora .... en el barrio.
  a. no hay uno
  b. no hay ninguno

6.
- Disculpa, ¿.................... una gasolinera por aquí cerca?
- No lo sé. Es que no conozco este barrio.
  a. hay ninguna
  b. hay alguna

2. Completa las frases con **hay** o la forma conjugada de **tener**.

1. En esa avenida .... muchos bares y restaurantes.
2. Aquí .... dos escuelas públicas.
3. Este barrio .... estación de metro.
4. En esta ciudad no .... ningún museo.
5. El pueblo .... una biblioteca municipal.
6. En el centro de la ciudad .... una estación de tren.
7. Por aquí cerca .... varios edificios históricos.

3. Completa las siguientes frases con **un, uno/a/os/as**.

1
En este barrio hay .... parques preciosos.

2
Aquí tenemos .... centro comercial muy grande.

3
Pontevedra es .... ciudad preciosa.

4
En esta calle no hay ningún cajero automático, pero hay .... en la primera a la derecha.

5
Bilbao no tiene mar, pero cerca hay .... playas muy bonitas.

6
- Perdona, ¿sabes si hay .... parking cerca?
- Sí, al final de esta calle hay .... muy grande.

4. Completa los textos con **está**, **hay**, **hace** o con la forma adecuada del verbo **ser**.

SEVILLA

Aquí se vive muy bien. Sevilla .... una ciudad muy alegre y muy bonita. Además, los sevillanos en general .... muy abiertos. .... muchísimos monumentos y sitios bonitos, como la Torre del Oro, la catedral, la Giralda, el barrio de Santa Cruz... Y, lo más importante: .... muchos lugares para comer bien y salir. Aquí se come muy bien. Además, el clima .... muy bueno, siempre .... sol, aunque en verano .... demasiado calor. Mis recomendaciones: un paseo por la ribera del río Guadalquivir; .... muy agradable, sobre todo en verano.

JULIÁN CABALLERO

ZARAGOZA

Zaragoza .... muy bien situada: .... entre Barcelona y Madrid, y ahora .... conectada con esas dos ciudades con el tren de alta velocidad. Además, también .... cerca de los Pirineos y bastante cerca del mar. Una de las cosas que más me gustan de Zaragoza .... que hay tres ríos. El más impresionante .... el Ebro. También .... edificios muy bonitos, como la basílica del Pilar, la Seo o el museo Pablo Gargallo. Mis recomendaciones: .... que venir a Zaragoza durante las fiestas del Pilar, el 12 de octubre.

ESTHER RUIZ

treinta y tres | 33

EL BARRIO IDEAL

5. Completa las siguientes frases con la forma adecuada de **ser** o **estar**.

El barrio de San Andrés...

1. _____ muy agradable para vivir.
2. _____ lejos del paseo marítimo.
3. _____ un barrio de gente trabajadora.
4. _____ cerca del centro.
5. _____ bien comunicado con otras partes de la ciudad.
6. _____ el tercer barrio con más habitantes de la ciudad.

VOCABULARIO

6. Relaciona las expresiones que contienen la palabra **barrio** con las características de la derecha.

1. Un **barrio** moderno
2. Un **barrio** bohemio
3. Un **barrio** con pocos servicios
4. Un **barrio** céntrico
5. Un **barrio** obrero
6. Un **barrio** histórico
7. Un **barrio** mal comunicado
8. Un **barrio** con mucho ambiente

a. Sus habitantes son de clase trabajadora.
b. Tiene edificios antiguos, normalmente los más representativos de la ciudad.
c. En él hay artistas y gente que vive de manera alternativa.
d. Está situado en la parte central de la ciudad.
e. Es de construcción reciente.
f. Mucha gente va a pasar su tiempo libre a este tipo de barrio, porque hay bares, discotecas, restaurantes...
g. No tiene muchos transportes públicos (autobús, metro, tranvía...).
h. No hay suficientes escuelas, tiendas, servicios médicos, etc.

7. Clasifica las siguientes palabras en la tabla.

avenida, banco, bar, biblioteca, bloque de pisos, calle, casa, cine, escuela, estación de metro, farmacia, gimnasio, hospital, mercado, museo, oficina de correos, parada de autobús, paseo, piso, plaza, restaurante, supermercado, tienda de ropa, tren de alta velocidad, universidad

comercio y servicios	vías	vivienda	educación y cultura	salud y deporte	transporte

8. Completa con **a**, **al**, **a la**, **de** o **en**.

1. La biblioteca está un poco lejos, pero puedes ir .... metro o .... bus.
2. Giras .... izquierda y hay un banco justo .... final de la calle.
3. ¿Qué hay en ese bloque .... pisos?
4. Siempre voy a un cine que está .... cinco minutos .... pie .... mi casa.
5. ¿Quieres ir .... coche al centro ahora? A estas horas hay mucho tráfico...
6. ¿El metro? Sí, está aquí mismo, justo .... la esquina.
7. .... final de esta calle está mi casa.
8. Mi barrio no está mal comunicado: .... tren estoy en el centro en cinco minutos.

9. ¿Qué palabra falta en cada caso? Luego traduce las expresiones a tu lengua.

1
....
un barrio con mucha...
la calidad de...

2
....
el ... de la ciudad
un ... comercial

3
....
ir al super...
el ... laboral

treinta y cinco | 35

¿SABES CONDUCIR?

GRAMÁTICA

1. Escribe el participio de estos verbos.

vivir	
conocer	
estudiar	
oír	
jugar	
viajar	
cantar	
tocar	
comer	
cambiar	
acabar	
tener	
estar	
pasear	
escuchar	
dormir	
comprar	
visitar	
salir	
beber	

2. Ahora escribe los infinitivos correspondientes a estos participios.

abierto	
descubierto	
escrito	
hecho	
ido	
llevado	
muerto	
puesto	
roto	
sido	
soñado	
traído	
vuelto	

3. Completa la tabla con las formas del verbo auxiliar **haber** en el pretérito perfecto.

	PRESENTE DE HABER	+ PARTICIPIO
(yo)		
(tú)		
(él/ella/usted)		caminado
(nosotros/as)	hemos	leído
(vosotros/as)		salido
(ellos/ellas/ustedes)	han	

4. Conjuga los verbos entre paréntesis en pretérito perfecto. Luego relaciona cada pregunta con su respuesta.

1. Chicos, ¿ (visitar) .... Sevilla alguna vez?
2. Sara, ¿ (leer) .... alguna novela de García Márquez?
3. Hay un restaurante nuevo en la Plaza Castilla. ¿Vamos esta noche?
4. ¿Qué tal nueva película de Almódovar?

a. Unos amigos míos la (ver) .... y les (gustar) .... mucho.
b. Sí, muchas veces. Nos encanta esa ciudad.
c. ¡Pero qué mala memoria tienes! (cenar) .... juntos allí un par de veces.
d. Sí, *Crónica de una muerte anunciada*. Es muy buena.

5. Estas son las experiencias de una persona en sus viajes. Completa las frases con el pretérito perfecto de estos verbos y los pronombres necesarios.

conocer
hacer
~~comer~~
comprar
bailar
visitar
ver
beber

1. El mejor pastel de chocolate *lo he comido* en un pequeño restaurante de Roma.
2. La mejor cerveza .... en Bruselas.
3. Los recuerdos más exóticos .... en un mercado de Filipinas.
4. El amanecer más bonito .... en una playa de Ibiza.
5. La gente más simpática .... en un pueblo de Tailandia.
6. El museo más interesante .... en Londres.
7. La mejor música .... en Colombia.
8. Las mejores fotos de paisajes .... en Perú.

¿SABES CONDUCIR?

6. Completa las conversaciones con las formas adecuadas de los verbos **saber** y **poder**.

1.
• ¿............... hablar muchas lenguas?
○ Sí, italiano, polaco y un poco de ruso.

2.
• ¿Hablas ruso?
○ Sí, pero no .... hablarlo muy a menudo.

3.
• Vivo muy cerca de una piscina municipal, por eso .... nadar todos los días.
○ Eso es genial, ¿no?

4.
• Tú .... nadar muy bien, ¿no?
○ Pues sí, incluso he competido en algunos campeonatos.

5.
• ¡Qué dibujo tan bonito! ¿Lo has hecho tú?
○ No, mi hija. .... dibujar muy bien.

6.
• Papá, no .... dibujar nada porque no tengo papel ni lápiz.
○ Aquí tienes una libreta y ahora busco unos lápices.

7. Luis tiene un problema. Lee el mensaje que le escribe a un amigo y complétalo con estos verbos en la forma del pretérito perfecto.

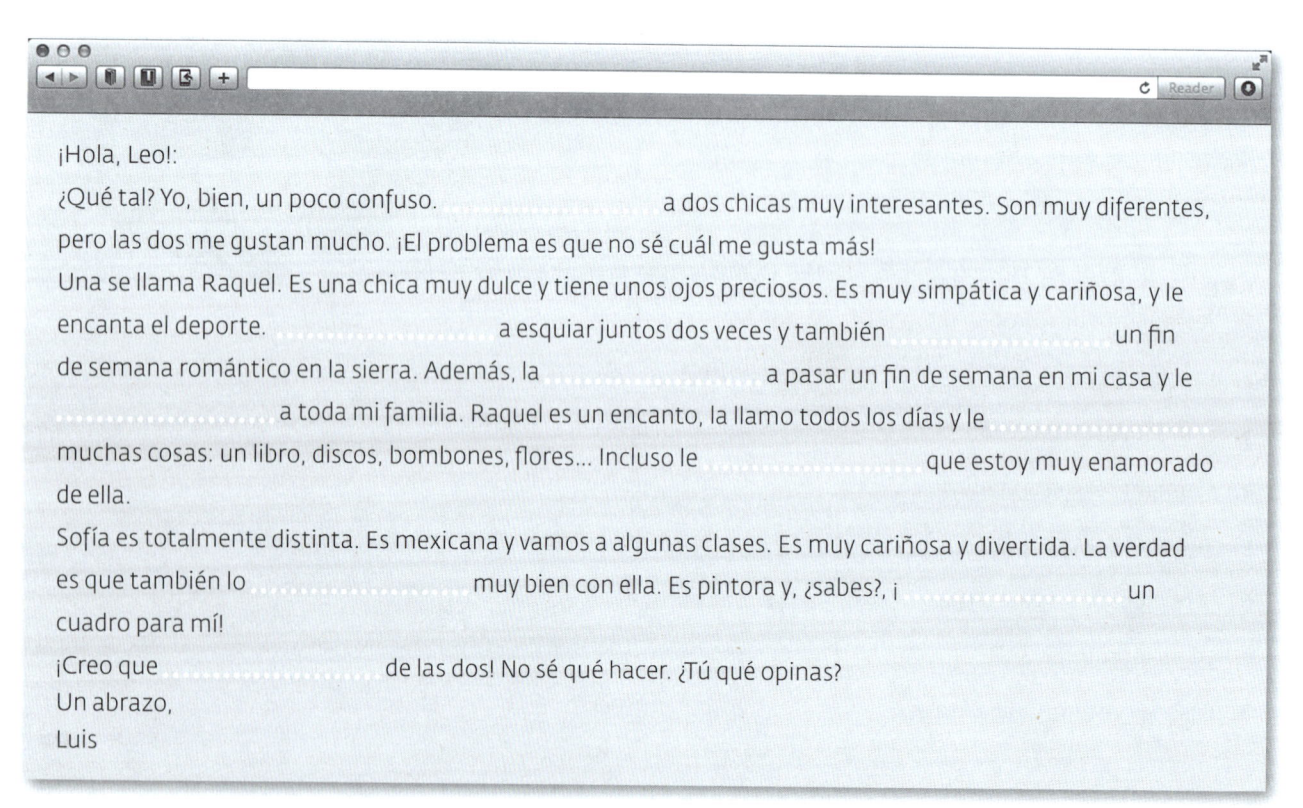

presentar   pintar   enamorarse
conocer   ir   pasar (2)
regalar   invitar   decir

¡Hola, Leo!:

¿Qué tal? Yo, bien, un poco confuso. .... a dos chicas muy interesantes. Son muy diferentes, pero las dos me gustan mucho. ¡El problema es que no sé cuál me gusta más!

Una se llama Raquel. Es una chica muy dulce y tiene unos ojos preciosos. Es muy simpática y cariñosa, y le encanta el deporte. .... a esquiar juntos dos veces y también .... un fin de semana romántico en la sierra. Además, la .... a pasar un fin de semana en mi casa y le .... a toda mi familia. Raquel es un encanto, la llamo todos los días y le .... muchas cosas: un libro, discos, bombones, flores… Incluso le .... que estoy muy enamorado de ella.

Sofía es totalmente distinta. Es mexicana y vamos a algunas clases. Es muy cariñosa y divertida. La verdad es que también lo .... muy bien con ella. Es pintora y, ¿sabes?, ¡............... un cuadro para mí!

¡Creo que .... de las dos! No sé qué hacer. ¿Tú qué opinas?
Un abrazo,
Luis

VOCABULARIO

8. Todas estas palabras y expresiones están relacionadas con la palabra **amor**. Lee las pistas y completa.

1.	Verbo que significa empezar a sentir amor por una persona.	……. amor …….
2.	La primera persona de la que te enamoras	………. amor
3.	Expresión para hablar de una relación amorosa con un principio y un fin.	………. ….. amor
4.	Expresión con preposición. Es una razón muy poderosa.	……. amor
5.	Texto literario sobre sentimientos amorosos.	………. ….. amor
6.	Enamoramiento inmediato al ver a una persona por primera vez.	amor ….. ………. ……..

9. Estos adjetivos son formas negativas de otros adjetivos. ¿Puedes escribir las formas positivas?

desorganizado → ....

desleal → ....

impuntual → ....

impaciente → ....

imperfecto → ....

inestable → ....

inconstante → ....

independiente → ....

irresponsable → ....

10. Relaciona los opuestos.

1. valiente   a. frágil
2. tranquilo   b. extrovertido
3. tímido   c. egoísta
4. sencillo   d. complicado
5. generoso   e. cobarde
6. fuerte   f. nervioso

11. Clasifica en la tabla los adjetivos de los dos ejercicios anteriores.

masculino en **-o** y femenino en **-a**	masculino y femenino en **-e**

masculino y femenino en **-ista**	masculino y femenino en **-l**

treinta y nueve | **39**

MÁS GRAMÁTICA

Alfabeto	pág. 42	**Pronombres personales**	pág. 47
Letras y sonidos	pág. 42	**Interrogativos**	pág. 49
Acentuación	pág. 42	**Negación**	pág. 49
Numerales	pág. 43	**Preposiciones**	pág. 49
Grupo nominal	pág. 44	**Conectores**	pág. 50
Género y número	pág. 44	**Verbos**	pág. 51
Artículo	pág. 44	**Presente de indicativo**	pág. 51
Demostrativos	pág. 45	**Pretérito perfecto**	pág. 52
Posesivos	pág. 45	**Participio**	pág. 53
Adjetivo calificativo	pág. 46	Se **impersonal**	pág. 53
Cuantificadores	pág. 46	Ser / estar / hay	pág. 53

Cuando, al realizar una actividad, tengas una duda o quieras entender mejor una regla gramatical, puedes consultar este resumen. Como verás, los contenidos no están ordenados por lecciones, sino en torno a las categorías gramaticales.

Además de leer atentamente las explicaciones, fíjate también en los ejemplos: te ayudarán a entender cómo se utilizan las formas lingüísticas en la comunicación real.

MÁS GRAMÁTICA

ALFABETO

A	a	H	hache	Ñ	eñe	U	u
B	be	I	i	O	o	V	uve
C	ce	J	jota	P	pe	W	uve doble
D	de	K	ca	Q	cu	X	equis
E	e	L	ele	R	erre	Y	i griega
F	efe	M	eme	S	ese	Z	ceta/zeta
G	ge	N	ene	T	te		

> **RECUERDA**
> - Las letras tienen género femenino: **la a**, **la be**...
> - A diferencia de lo que sucede en otros idiomas, en español hay pocas consonantes dobles. Con respecto a la pronunciación se dan dos casos:
>   - se pronuncia un único sonido (**ll** y **rr**);
>   - se pronuncian dos sonidos (**cc** y **nn**).
> - En algunos países de Latinoamérica, las letras **be** y **uve** se llaman **be larga** y **ve corta**.

LETRAS Y SONIDOS

▶ En general, a cada letra le corresponde un sonido y a cada sonido le corresponde una letra, pero hay algunos casos especiales.

La **C** corresponde a dos sonidos:
[k], delante de **a**, **o**, **u** y al final de una sílaba: **ca**sa, **co**pa, **cu**ento, a**c**to.
[θ] (como la **th** de *nothing* en inglés) o [s], delante de **e** e **i**: **ce**ro, **ci**en. *

La **CH** se pronuncia [tʃ], como *chat* en inglés.

La **G** corresponde a dos sonidos:
[x], delante de **e** e **i**: **ge**neral, **gi**mnasio.
[g], delante de **a**, **o** y **u**: **ga**to, **go**rro, **gu**star. Delante de **e** e **i**, ese sonido se transcribe colocando después de la **g** una **u** muda: **gue**rra, **gui**tarra. Para que la **u** suene, se usa la diéresis: bilin**güe**, lin**güí**stica.

La **H** no se pronuncia nunca: **h**ola, **h**otel.

La **J** corresponde siempre al sonido [x]. Aparece siempre que este sonido va seguido de **a**, **o** y **u**: **ja**món, **jo**ven, **ju**ego. Y, a veces, cuando va seguido de **e** e **i**: **je**fe, **ji**nete.

La **K** corresponde al sonido [k]. Se usa muy poco, generalmente solo en palabras procedentes de otras lenguas: **k**ilo, Ira**k**.

La **LL** tiene diferentes pronunciaciones según las regiones, pero casi todos los hablantes de español la producen de manera semejante a la **y** de *you* en inglés.

QU corresponde al sonido [k]. Solo se usa cuando este sonido va seguido de **e** o **i**: **que**so, **quí**mica.

R/RR corresponde a un sonido fuerte cuando va al comienzo de la palabra (**r**ueda) y cuando se escribe doble (a**rr**oz).

La **V** se pronuncia igual que la **b**.

La **W** se usa solo en palabras procedentes de otras lenguas. Se pronuncia como **gu** o **u** (**w**eb) y, a veces, como **b**: **w**áter.

La **Z** corresponde al sonido [θ]. Aparece siempre que este sonido va seguido de **a**, de **o**, de **u**, o al final de una sílaba (**za**pato, **zo**na, **zu**rdo, pa**z**) y únicamente en estos casos. **

> ❗ **¡ATENCIÓN!**
> En toda Latinoamérica, regiones del sur de España y Canarias no existe el sonido [θ]. Se pronuncia [s].

ACENTUACIÓN

▶ En español, todas las palabras tienen una sílaba fuerte.

PALABRAS AGUDAS

▶ Cuando la sílaba fuerte es la última, se llaman palabras agudas: can-**ción**, vi-**vir**, ma-**má**.

PALABRAS GRAVES

▶ Cuando la sílaba fuerte es la penúltima, se llaman palabras graves o llanas. Son la mayoría: **ca**-sa, **ár**-bol, **lu**-nes.

PALABRAS ESDRÚJULAS

▶ Cuando la sílaba fuerte es la antepenúltima, se llaman palabras esdrújulas: te-**lé**-fo-no, **prác**-ti-co.

PALABRAS SOBRESDRÚJULAS

▶ Cuando la sílaba fuerte es la cuarta empezando por detrás, se llaman palabras sobresdrújulas: di-**cién**-do-me-lo.

REGLAS DE ACENTUACIÓN

▶ No todas las palabras llevan acento gráfico. Las reglas generales para la acentuación son las siguientes.

> Las palabras agudas llevan tilde cuando terminan en **-n**, **-s** o vocal: can**ción**, est**ás**, pa**pá**.

> Las palabras llanas llevan tilde cuando no terminan en **-n**, **-s** o vocal: **ár**bol, a**zú**car, **ál**bum, **lá**piz.

> Las palabras esdrújulas y sobresdrújulas llevan siempre tilde: **só**lido, mate**má**ticas, con**tán**doselo.

NUMERALES

0	cero	16	dieciséis	32	treinta y dos
1	un(o/a)	17	diecisiete	33	treinta y tres
2	dos	18	dieciocho	34	treinta y cuatro
3	tres	19	diecinueve	35	treinta y cinco
4	cuatro	20	veinte	36	treinta y seis
5	cinco	21	veintiún(o/a)	37	treinta y siete
6	seis	22	veintidós	38	treinta y ocho
7	siete	23	veintitrés	39	treinta y nueve
8	ocho	24	veinticuatro	40	cuarenta
9	nueve	25	veinticinco	50	cincuenta
10	diez	26	veintiséis	60	sesenta
11	once	27	veintisiete	70	setenta
12	doce	28	veintiocho	80	ochenta
13	trece	29	veintinueve	90	noventa
14	catorce	30	treinta	99	noventa y nueve
15	quince	31	treinta y un(o/a)	100	cien

▶ El número 1 tiene tres formas: **un/una** cuando va antes de un sustantivo masculino o femenino (**Tiene un hermano / Tengo una hermana**) y **uno** cuando va solo y se refiere a un sustantivo masculino (¿**Tienes un bolígrafo rojo? Necesito uno**).

▶ Hasta el 30, los números se escriben con una sola palabra: **dieciséis**, **veintidós**, pero **treinta y uno, cuarenta y dos**...

▶ La partícula **y** se usa solo entre decenas y unidades: **noventa y ocho** (98), **trescientos cuarenta y seis mil** (346 000), pero **trescientos cuatro** (304).

101	**ciento** un(o/a)	1000	mil
102	**ciento** dos	2000	dos mil
...		...	
200	doscientos/-as	10 000	diez mil
300	trescientos/-as	...	
400	cuatrocientos/-as	100 000	cien mil
500	**quinientos**/-as	200 000	doscientos/-as mil
600	seiscientos/-as	...	
700	**sete**cientos/-as	1 000 000	un millón
800	ochocientos/-as	2 000 000	dos millones
900	**nove**cientos/-as	1 000 000 000	mil millones

▶ Las centenas concuerdan en género con el sustantivo al que se refieren: Cuesta **doscientos euros** / Cuesta **doscientas libras**.

▶ **Cien** solo se usa para una centena completa (100). Si lleva detrás decenas o unidades, se convierte en **ciento**: **ciento cinco** (105), **ciento ochenta** (180), pero **cien mil** (100 000).

▶ 1000 se dice **mil** (pero **dos mil**, **tres mil**).

▶ Con los millones se usa **de**: **cuarenta millones de habitantes** (40 000 000), pero no se coloca esta preposición si hay alguna cantidad después del millón: **cuarenta millones diez habitantes** (40 000 010).

> **¡ATENCIÓN!**
> En español, **un billón** es **un millón de millones**: 1 000 000 000 000.

MÁS GRAMÁTICA

GRUPO NOMINAL

El grupo nominal se compone del nombre o sustantivo y de sus determinantes y calificativos: artículos, adjetivos, frases subordinadas adjetivas y complementos preposicionales. Las partes del grupo nominal concuerdan en género y en número con el sustantivo.

GÉNERO Y NÚMERO

GÉNERO

▶ En español, solo hay dos géneros: masculino y femenino.

SUSTANTIVOS

▶ En general, son masculinos los sustantivos que terminan en **-o**, **-aje**, **-ón** y **-r**. También son masculinos los sustantivos de origen griego terminados en **-ema** y **-oma**: **el probl**ema, **el cromos**oma. Son femeninos los sustantivos terminados en **-a**, **-ción**, **-sión**, **-dad**, **-tad** y **-ez**. Sin embargo, hay muchas excepciones: **el mapa, la mano**...

▶ Los sustantivos que terminan en **-e** o en otras consonantes pueden ser masculinos o femeninos: **la nub**e, **el hombr**e, **el** o **la cantant**e, **el árbo**l, **la mie**l, etc.

▶ Las palabras de género femenino que comienzan por **a** o **ha** tónica llevan el artículo **el** en singular, pero el adjetivo va en femenino: **el a**gua clara, **el a**ula pequeña. En plural, funcionan de forma normal: **las a**guas claras, **las a**ulas pequeñas.

ADJETIVOS

▶ El femenino de los adjetivos se forma, en general, cambiando la **-o** final por una **-a** o agregando una **-a** a la consonante **r**: **bueno, buena; trabajador, trabajadora**, etc.

▶ Los adjetivos que terminan en **-e**, **-ista** u otras consonantes tienen la misma forma en masculino y en femenino: **inteligent**e, **egoíst**a, **capaz**, **principal**.

NÚMERO

▶ El plural de sustantivos y de adjetivos se forma agregando **-s** a los terminados en vocal (**perro** → **perros**) y **-es** a los terminados en consonante (**camión** → **camiones**). Si la palabra termina en **-z**, el plural se escribe con **c**: **pez** → **pe**c**es**.

▶ Los sustantivos y los adjetivos que en singular terminan en **-s** hacen el plural dependiendo de la acentuación. Si se acentúan en la última sílaba, añaden **-es**: **el autobús** → **los autobuses**. Si no se acentúan en la última sílaba, no cambian en plural: **la crisis** → **las crisis**.

▶ Los sustantivos y los adjetivos terminados en **-í** o **-ú** acentuadas forman el plural con **-s** o con **-es**: **israelí** → **israelís/israelíes**, **hindú** → **hindús/hindúes**.

ARTÍCULO

▶ Existen dos tipos de artículos en español: los determinados y los indeterminados.

ARTÍCULO INDETERMINADO

▶ Los artículos indeterminados (**un**, **una**, **unos**, **unas**) se usan para mencionar algo por primera vez, cuando no sabemos si existe o para referirnos a un ejemplar de una categoría.

- *Luis es **un** amigo de mi hermano.*
- *¿Tienes **una** hoja?*
- *Trabajan en **una** empresa de informática.*

▶ No usamos los artículos indeterminados para informar sobre la profesión de alguien.

- *¿A qué te dedicas?*
- *Soy estudiante. / Soy ~~un~~ estudiante.*

▶ Pero sí los usamos cuando identificamos a alguien por su profesión o cuando lo valoramos.

- *¿Quién es Carlos Fuentes?*
- *Es **un** escritor mexicano.*
- *Mi hermano es **un** médico muy bueno.*

▶ Los artículos indeterminados no se combinan con **otro**, **otra**, **otros**, **otras**, **medio**, **cien(to)** o **mil**.

- *Quiero otra taza de café. / ~~una~~ otra taza*
- *Quiero medio kilo de tomates. / ~~un~~ medio kilo*
- *He pagado cien euros por la chaqueta pero cuesta doscientos. / ~~un~~ cien*

ARTÍCULO DETERMINADO

▶ Los artículos determinados (**el**, **la**, **los**, **las**) se utilizan cuando hablamos de algo que sabemos que existe, que es único o que ya se mencionó.

- ***Los** empleados de esta oficina trabajan muy poco.*
- ***El** padre de Miguel es juez.*
- *Carlos y Elisa trabajan en **la** farmacia del pueblo.*

▶ En general, no se usan con nombres de personas, de continentes, de países y de ciudades, excepto cuando el artículo es parte del nombre: **La** Habana, **El** Cairo, **La** Haya, **El** Salvador. Con algunos países, el uso es opcional: **(La)** India, **(El)** Brasil, **(El)** Perú, etc.

▶ También los usamos cuando nos referimos a un aspecto o a una parte de un país o de una región: **la** España verde, **la** Inglaterra victoriana, **el** Madrid de los Austrias.

▶ Con las formas de tratamiento y con los títulos, usamos los artículos en todos los casos excepto para dirigirnos a nuestro interlocutor.

- **La** señora González vive cerca de aquí, ¿no?
- Señora González, ¿dónde vive? (=hablamos con ella)

RECUERDA

– Cuando hablamos de una categoría o de sustantivos no contables, **no** usamos el artículo.
- ¿Tienes ordenador?
- Necesito leche para el postre.

– La presencia del artículo determinado indica que ya se había hablado antes de algo.
- He comprado **la** leche y **los** huevos.
(= ya hemos dicho antes que era necesario comprar esas cosas)
- He comprado leche y huevos.
(= informo de qué compré)

DEMOSTRATIVOS

▶ Sirven para referirse a algo indicando su cercanía o su lejanía respecto a la persona que habla.

CERCA DE QUIEN HABLA	CERCA DE QUIEN ESCUCHA	LEJOS DE AMBOS
este	ese	ese/aquel
esta	esa	esa/aquella
estos	esos	esos/aquellos
estas	esas	esas/aquellas

- **Este** edificio es del siglo XVI.
○ ¿Y **ese**?
- **Ese** también es del siglo XVI.

▶ Además de las formas de masculino y de femenino, existen formas neutras (**esto**, **eso**, **aquello**) que sirven para referirse a algo que no queremos o no podemos identificar con un sustantivo.

- ¿Qué es **eso** que tienes en la mano?
○ ¿**Esto**? Un regalo para mi madre.
- ¿Qué ha pasado con **aquello** de Juan?
○ No sé...

▶ Los demostrativos están en relación con los adverbios de lugar **aquí**, **ahí** y **allí**.

AQUÍ	AHÍ	ALLÍ
este chico	**ese** chico	**aquel** chico
esta chica	**esa** chica	**aquella** chica
estos amigos	**esos** amigos	**aquellos** amigos
estas amigas	**esas** amigas	**aquellas** amigas
esto	**eso**	**aquello**

POSESIVOS

▶ Los posesivos que van antes del sustantivo se utilizan para identificar algo o a alguien refiriéndose a su poseedor. Varían según quién es el poseedor (**yo → mi casa**, **tú → tu casa**...) y concuerdan en género y en número con lo poseído (**nuestra casa**, **sus libros**, etc.).

(yo)	**mi** libro/casa	**mis** libros/casas
(tú)	**tu** libro/casa	**tus** libros/casas
(él/ella/usted)	**su** libro/casa	**sus** libros/casas
(nosotros/as)	**nuestro** libro **nuestra** casa	**nuestros** libros **nuestras** casas
(vosotros/as)	**vuestro** libro **vuestra** casa	**vuestros** libros **vuestras** casas
(ellos/as, ustedes)	**su** libro/casa	**sus** libros/casas

▶ Los posesivos **su/sus** se pueden referir a diferentes personas (él, ella, usted, ellos, ellas, ustedes). Por eso, solo los usamos cuando no existe posibilidad de confusión.

- Esos son Guillermo y **su** novia, Julia.
- Señor Castro, ¿es este **su** ordenador?

▶ Si no queda claro el poseedor, utilizamos **de** + nombre:

- Esta es la casa **de** Manuel y esa, la **de** Jorge.

▶ Existe otra serie de posesivos.

mío	mía	míos	mías
tuyo	tuya	tuyos	tuyas
suyo	suya	suyos	suyas
nuestro	nuestra	nuestros	nuestras
vuestro	vuestra	vuestros	vuestras
suyo	suya	suyos	suyas

▶ Estos posesivos se usan en tres contextos.

- Para dar y pedir información sobre a quién pertenece algo.
- ¿Es **tuyo** este coche?
○ Sí, es **mío**.

MÁS GRAMÁTICA

- Detrás del sustantivo y acompañado del artículo indeterminado u otros determinantes.
  - He visto a **un** amigo **tuyo**.
  - ¿Sí? ¿A quién?

- Con artículos determinados, para sustituir a un sustantivo ya mencionado o conocido por el interlocutor.
  - ¿Esta es tu maleta?
  - No, **la mía** es verde.

ADJETIVO CALIFICATIVO

▶ Los adjetivos concuerdan siempre en género y en número con el sustantivo. El adjetivo, en español, se coloca casi siempre detrás del sustantivo. Cuando se coloca delante, puede cambiar su significado.

Un hombre **pobre** = un hombre con poco dinero
Un **pobre** hombre = un hombre desgraciado

▶ Los adjetivos **bueno**, **malo**, **primero** y **tercero**, cuando van delante de un nombre masculino singular, pierden la **-o** final: un **buen** día, un **mal** momento, mi **primer** libro. El adjetivo **grande** se convierte en **gran** delante de un nombre singular (masculino o femenino): un **gran** día, una **gran** semana.

> **¡ATENCIÓN!**
> Nunca se colocan antes del sustantivo los adjetivos que expresan origen, color y forma: un chico **marroquí**, una camiseta **roja**, una mesa **redonda**.

COMPARATIVO

▶ El comparativo se forma con la estructura:
verbo + **más/menos** + adjetivo/sustantivo + **que** + sustantivo.

- María es **más** guapa **que** Rosario.
- Argentina tiene **menos** habitantes **que** México.

▶ Hay algunas formas especiales.

más bueno/-a	→ **mejor**	más malo/-a	→ **peor**
más grande	→ **mayor**	más pequeño/-a	→ **menor**

> **¡ATENCIÓN!**
> Para hablar de la bondad o para referirnos al sabor de los alimentos usamos **más bueno/-a**. Para referirnos al tamaño de algo podemos usar **más grande/pequeño**.

SUPERLATIVO

▶ El superlativo relativo se forma con la estructura: **el/la/los/las** (+ sustantivo) + **más** + adj. (+ **de** sustantivo).

- El Aconcagua es **la** montaña **más** alta **de** América.
- El lago Titicaca es **el más** alto **del** mundo.

▶ El superlativo absoluto se forma con la terminación **-ísimo/a**. Cuando el adjetivo termina en vocal, esta desaparece: **mal**o → **mal**ísimo. Cuando el adjetivo acaba en consonante, se le añade la terminación: difícil → dificilísimo.

> **¡ATENCIÓN!**
> Se producen algunos cambios ortográficos:
> - cuando el adjetivo termina en **-co/-ca**: blan**co** → blan**quí**simo
> - cuando el adjetivo termina en **-z**: velo**z** → velo**cí**simo

CUANTIFICADORES

CUANTIFICADORES + SUSTANTIVOS NO CONTABLES

demasiado pan / **demasiada** sal
mucho pan / **mucha** sal
bastante pan / sal
un poco de pan / sal *
poco pan / **poca** sal *
nada de pan / sal

* Con **un poco de** subrayamos la existencia de algo valorándola positivamente; con **poco** subrayamos su escasez.

- ¿Queda café?
- Sí, todavía hay **un poco** en el armario.

- Queda **poco** café. Tenemos que ir a comprar más.

CUANTIFICADORES + SUSTANTIVOS CONTABLES

demasiados coches / **demasiadas** horas
muchos coches / **muchas** horas
bastantes coches/horas
pocos coches / **pocas** horas
algún coche / **alguna** hora / **algunos** coches / **algunas** horas
ningún coche / **ninguna** hora

- Marta siempre lleva **muchas** joyas.
- Necesitamos **algunos** libros nuevos.
- No tengo **ningún** disco de jazz.

CUANTIFICADORES + ADJETIVO

> **demasiado** joven / jóvenes
> **muy** alto / alta / altos / altas
> **bastante** tímido / tímida / tímidos / tímidas
> **un poco** caro / cara / caros / caras
> **poco** atractivo / atractiva / atractivos / atractivas
> **nada** simpático / simpática / simpáticos / simpáticas

- Esa casa es **demasiado** grande.
- Felipe es **muy** alto.
- Mi hermano es **bastante** tímido.
- Este jersey es **un poco** caro.
- Tu prima Carmen **no** es **nada** simpática.

VERBO + CUANTIFICADORES

> corre **demasiado**
> corre **mucho**
> corre **bastante**
> corre **un poco**
> corre **poco**
> **no** corre **nada**

- Comes **demasiado**.
- Iñaki trabaja **mucho**.
- Mi hermana **no** hace **nada**.

RECUERDA

– **Un**, **algún** y **ningún** se convierten en **uno**, **alguno** y **ninguno** cuando no van seguidos del sustantivo.
- ¿Tienes **algún** diccionario francés-español?
- No, no tengo **ninguno**, pero creo que Carlos tiene **uno**.

▶ **Demasiado** se usa para expresar un exceso, por lo que tiene siempre un matiz negativo.

- Este jersey es **demasiado** caro.
- No me gusta este chico: habla **demasiado** y sonríe **demasiado**.

▶ Usamos **un poco** delante de adjetivos que expresan cualidades negativas. Con adjetivos que expresan cualidades positivas, podemos utilizar **poco**, con el sentido de "no suficiente".

- Este diccionario es **un poco** caro, ¿no?
- Sí, además es muy **poco** práctico.

PRONOMBRES PERSONALES

La forma de los pronombres personales cambia según el lugar que ocupan en la oración y según su función.

EN FUNCIÓN DE SUJETO

1ª pers. singular	yo	• **Yo** me llamo Ana, ¿y tú?
2ª pers. singular	tú / usted	• **Tú** no eres de aquí, ¿verdad?
3ª pers. singular	él, ella	• **Él** es argentino y **ella**, española.
1ª pers. plural	nosotros, nosotras	• **Nosotras** no vamos a ir a la fiesta; no nos han invitado.
2ª pers. plural	vosotros, vosotras / ustedes	• ¿**Vosotros** trabajáis mañana?
3ª pers. plural	ellos, ellas	• **Ellos** son muy amables.

▶ Los pronombres de sujeto se utilizan cuando queremos resaltar la persona por oposición a otras o cuando su ausencia puede llevar a confusión, por ejemplo, en la tercera persona.

- **Nosotras** estudiamos Biología, ¿y **vosotras**?
- **Yo** estudio Geología y **ellas**, Física.

▶ **Usted** y **ustedes** son las formas de tratamiento de respeto en singular y en plural. Se usan en relaciones jerárquicas, con desconocidos de una cierta edad o con personas mayores en general. Hay grandes variaciones de uso según el contexto social o geográfico. Se trata de formas de segunda persona, pero tanto el verbo como los pronombres van en tercera persona.

▶ Las formas femeninas del plural (**nosotras**, **vosotras**, **ellas**) solo se usan cuando todas las componentes son mujeres. Si hay al menos un hombre, se usan las formas masculinas.

▶ En Latinoamérica, no se usa nunca **vosotros**: la forma de segunda persona del plural es **ustedes**.

▶ En algunas zonas de Latinoamérica (Argentina, Uruguay y regiones de Paraguay, Colombia y Centroamérica), en lugar de **tú** se usa **vos**.

MÁS GRAMÁTICA

CON PREPOSICIÓN

1ª pers. singular	mí *	• A **mí** me encanta el cine, ¿y a ti?
2ª pers. singular	ti * usted	• Mira, esto es para **ti**.
3ª pers. singular	él, ella	• ¿Cómo está Arturo? ○ Bien, esta mañana he estado con **él**.
1ª pers. plural	nosotros, nosotras	• Nunca te acuerdas de **nosotras**...
2ª pers. plural	vosotros, vosotras ustedes	• No tenemos coche. ¿Podemos ir con **vosotros**?
3ª pers. plural	ellos, ellas	• ¿No han llegado tus padres? ¡No podemos empezar sin **ellos**!

* Con la preposición **con**, decimos **conmigo** y **contigo**.

▶ Detrás de **según**, **como**, **menos** y **excepto**, usamos la forma de los pronombres personales de sujeto.

• **Según tú**, ¿cuál es el mejor disco de los Beatles?

REFLEXIVOS

1ª pers. singular	**me** llamo
2ª pers. singular	**te** llamas / **se** llama
3ª pers. singular	**se** llama
1ª pers. plural	**nos** llamamos
2ª pers. plural	**os** llamáis / **se** llaman
3ª pers. plural	**se** llaman

EN FUNCIÓN DE COMPLEMENTO DE OBJETO DIRECTO (COD)

1ª pers. singular	me	• ¿**Me** llevas al centro?
2ª pers. singular	te lo*, la	• **Te** quiero.
3ª pers. singular	lo*, la	• La carta, **la** he escrito yo.
1ª pers. plural	nos	• Desde esa ventana no **nos** pueden ver.
2ª pers. plural	os los, las	• ¿Qué hacéis aquí? A vosotros no **os** he invitado.
3ª pers. plural	los, las	• Tus libros, **los** tengo en casa.

* Cuando el complemento de objeto directo hace referencia a una persona singular de género masculino, se admite también el uso de la forma **le**: A Luis **lo** / **le** veo todos los días.

EN FUNCIÓN DE COMPLEMENTO DE OBJETO INDIRECTO (COI)

1ª pers. singular	me	• Siempre **me** dices lo mismo.
2ª pers. singular	te le (se)	• ¿**Te** traigo un café?
3ª pers. singular	le (se)	• ¿Qué **le** compro a mi madre?
1ª pers. plural	nos	• Esta es la carta que **nos** ha escrito Juan.
2ª pers. plural	os les (se)	• Chicos, mañana **os** doy las notas.
3ª pers. plural	les (se)	• A mis padres **les** cuento todos mis problemas.

- Los pronombres de COI solo se diferencian de los de COD en las formas de la tercera persona.

- Los pronombres de COI **le** y **les** se convierten en **se** cuando van acompañados de los pronombres de COD **lo**, **la**, **los**, **las**:
~~Le lo~~ doy. → **Se lo** doy.

POSICIÓN DEL PRONOMBRE

▶ El orden de los pronombres es: COI + COD + verbo. Los pronombres se colocan siempre delante del verbo conjugado (excepto en imperativo).

• **Me** lavo las manos.   • **Me** gusta leer.

• **Me** han regalado un libro.
○ ¿Sí? ¿Y quién **te lo** ha regalado?

▶ Con el infinitivo y con el gerundio, los pronombres se colocan después del verbo y forman una sola palabra.

• Levantar**se** los lunes es duro.

• ¿Dónde está Edith?
○ Duchándo**se**.

▶ Con perífrasis y con estructuras como **poder** / **querer** + infinitivo, los pronombres pueden ir delante del verbo conjugado o detrás del infinitivo, pero nunca entre ambos.

• Tengo que comprar**le** un regalo a mi novia.
• **Le** tengo que comprar un regalo a mi novia.
  ~~Tengo que **le** comprar un regalo a mi novia.~~

48 | cuarenta y ocho

- *¿Puedo lavar**me** las manos?*
- *¿**Me** puedo lavar las manos?*
  *¿Puedo **me** lavar las manos?*

INTERROGATIVOS

▶ Los pronombres y los adverbios interrogativos reemplazan al elemento desconocido en preguntas de respuesta abierta.

QUÉ, CUÁL/CUÁLES

▶ En preguntas abiertas sin referencia a ningún sustantivo, usamos **qué** para preguntar por cosas.

- *¿**Qué** le has regalado a María?*
- *¿**Qué** has hecho esta tarde?*

▶ Cuando preguntamos por una cosa o por una persona dentro de un conjunto, usamos **qué** o **cuál/cuáles** dependiendo de si aparece o no el sustantivo.

- *¿**Qué** zapatos te gustan más: los negros o los blancos?*
- *Los negros.*

- *Me gustan esos zapatos.*
- *¿**Cuáles**? ¿Los negros?*

PARA PREGUNTAR POR...		
personas	quién/es	*¿Con **quién** fuiste al cine?*
cantidad	cuánto/a/os/as	*¿**Cuántos** hermanos tienes?*
un lugar	dónde	*¿**Dónde** está Michoacán?*
un momento en el tiempo	cuándo	*¿**Cuándo** viene Enrique?*
el modo	cómo	*¿**Cómo** se prepara este plato?*
el motivo	por qué	*¿**Por qué** estudias ruso?*
la finalidad	para qué	*¿**Para qué** sirve ese aparato?*

RECUERDA

- Todos los interrogativos llevan tilde.
- Cuando el verbo va acompañado de preposición, esta se coloca antes del interrogativo.
  - *¿**De** dónde eres?*
  - ***De** Sevilla.*
- En español, los signos de exclamación y de interrogación se colocan al comienzo y al final de la frase.

NEGACIÓN

▶ La partícula negativa se coloca siempre delante del verbo.

- ***No** soy español.*
- ***No** hablo bien español.*

- *Soy **no** español.*
- *Hablo **no** bien español.*

- *¿Eres español?*
- ***No**, soy colombiano.*

- *¿Eres venezolano?*
- ***No**, **no** soy venezolano.*

▶ **Nada**, **nadie**, **ningún(o)/a/os/as** y **nunca** pueden ir delante o detrás del verbo. Si van detrás, hay que utilizar también **no** delante del verbo.

- ***Nada** ha cambiado.* / ***No** ha cambiado **nada**.*
- ***Nadie** me ha llamado.* / ***No** me ha llamado **nadie**.*

PREPOSICIONES

POSICIÓN Y MOVIMIENTO

a dirección, distancia	*Vamos **a** Madrid.* *Ávila está **a** 55 kilómetros de aquí.*
en ubicación, medio de transporte	*Vigo está **en** Galicia.* *Vamos **en** coche.*
de procedencia lejos / cerca / delante + **de**	*Venimos **de** la universidad.* *Caracas está lejos **de** Lima.*
desde punto de partida	*Vengo a pie **desde** el centro.*
hasta punto de llegada	*Podemos ir en metro **hasta** el centro.*
por movimiento dentro o a través de un espacio	*Me gusta pasear **por** la playa.* *Hay un gato que siempre entra **por** la ventana.*

TIEMPO

a + hora	*Me levanto **a** las ocho.*
por + parte del día	*No trabajo **por** la mañana.*
de + día / noche	*Prefiero estudiar **de** noche.*
en + mes / estación / año	*Mi cumpleaños es **en** abril.*
antes/después de	*Hago deporte **antes de** cenar.*
de + inicio + **a** + fin	*Trabajamos **de** 9 **a** 6.* *Nos quedamos aquí **del** 2 **al*** 7.*
desde las + hora **hasta las** + hora	*Te he esperado **desde las** 3 **hasta las** 5.*

MÁS GRAMÁTICA

OTROS USOS

A
modo: **a la plancha**, **al horno**.
COD de persona: **Hemos visto a Pablo en el centro.**

DE
materia: **de lana**.
partitivo, con sustantivos no contables: **un poco de pan**.

* Recuerda que **a** + **el** = **al**; **de** + **el** = **del**.

POR/PARA
por + causa: **Viaja mucho por su trabajo.**
para + finalidad: **Necesito dinero para pagar el teléfono.**
para + destinatario: **Estos libros son para tu hermana.**

CON
compañía: **¿Has ido al cine con Patricia?**
acompañamiento: **pollo con patatas**.
instrumento: **He cortado el papel con unas tijeras.**

CONECTORES

Y / NI / TAMBIÉN / TAMPOCO

▶ Cuando mencionamos dos o más elementos del mismo tipo, utilizamos **y**. Para agregar más elementos en otra frase, usamos **también**.

- En mi barrio hay un teatro **y** dos cines. **También** hay dos salas de baile.

¡ATENCIÓN!
Cuando la palabra que sigue a **y** comienza con **i**, **hi** o **y** (con sonido de **i**), en vez de **y** usamos **e**.
Ignacio y Javier   pero   **Javier e Ignacio**

▶ Dos elementos negativos se pueden unir con la partícula **ni**.

- **Ni** Jorge **ni** Iván hablan francés.
(= Jorge no habla francés + Iván no habla francés)

▶ Para agregar un nuevo elemento en frases negativas, usamos **tampoco**.

- En mi barrio no hay cines; **tampoco** hay teatros.

TAMBIÉN / TAMPOCO / SÍ / NO

▶ Para expresar coincidencia (de opinión o de informaciones), utilizamos **también** (en frases positivas) y **tampoco** (en frases negativas). Para expresar que no hay coincidencia, usamos **sí/no**.

- Paola siempre hace los deberes.
○ Yo **también**.
■ Yo **no**.

- A mí no me gusta el pescado.
○ A mí **tampoco**.
■ A mí **sí**.

LA CONJUNCIÓN O

▶ Se utiliza para presentar alternativas.

- Podemos ir al cine **o** a cenar...
- ¿Prefieres vino **o** cerveza?

¡ATENCIÓN!
Cuando la palabra que sigue a **o** comienza con **o** u **ho**, en vez de **o** usamos **u**.
el uno o el otro   pero   **uno u otro**

SINO / PERO

▶ **Sino** se utiliza para presentar un elemento que afirmamos en contraposición a otro que negamos.

- No soy española **sino** venezolana.
(= No soy española + soy venezolana)

▶ **Pero** se utiliza para presentar una información nueva que, de alguna manera, contradice la anterior.

- No soy española **pero** hablo español.
(= No soy española + hablo español)

PORQUE / POR QUÉ

▶ **Porque** se usa para expresar la causa. Responde a la pregunta **¿por qué?**

- ¿**Por qué** estudias español?
○ **Porque** trabajo en una empresa mexicana.

VERBOS

CONJUGACIONES

▶ En español existen tres conjugaciones, que se distinguen por las terminaciones: **-ar** (primera conjugación), **-er** (segunda) e **-ir** (tercera). Las formas de los verbos de la segunda y de la tercera conjugación son muy similares. La mayoría de las irregularidades se dan en estos dos grupos.

▶ En el verbo se pueden distinguir dos elementos: la raíz y la terminación. La raíz se obtiene al quitar al infinitivo la terminación **-ar**, **-er**, **-ir**. La terminación nos proporciona la información referente al modo, al tiempo, a la persona y al número.

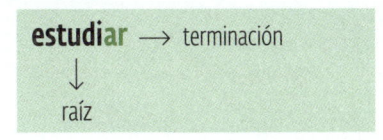

estudi**ar** → terminación
↓
raíz

▶ Las irregularidades del presente de indicativo afectan solo a la raíz del verbo: qu**ie**ro, p**ue**des, t**ie**nen.

VERBOS REFLEXIVOS

▶ Son verbos que se conjugan con los pronombres reflexivos **me**, **te**, **se**, **nos**, **os**, **se**: llamar**se**, levantar**se**, bañar**se**...

- (Yo) **me** llamo Abel. (llamar**se**)

▶ Hay verbos que, como **dedicar**, **dormir** e **ir**, cambian de significado con el pronombre reflexivo.

- ¿**Dedicas** tu libro a los lectores?
- **Duermes** demasiado.
- **Vamos** al cine.
- ¿A qué **te dedicas**?
- Siempre **me duermo** en clase.
- **Nos vamos** de aquí.

▶ Otros verbos pueden convertirse en reflexivos cuando la acción recae en el propio sujeto.

- Marcela **lava** la ropa.
- Marcela **se lava**.
- Marcela **se lava** las manos.

VERBOS QUE FUNCIONAN COMO GUSTAR

Existe un grupo de verbos (**gustar**, **encantar**, **apetecer**, **interesar**, etc.) que se conjugan casi siempre en tercera persona (del singular si van seguidos de un nombre en singular o de un infinitivo; y del plural si van seguidos de un sustantivo en plural). Estos verbos van acompañados siempre de los pronombres de COI **me**, **te**, **le**, **nos**, **os**, **les** y expresan sentimientos y opiniones respecto a cosas, personas o actividades.

(A mí)	me	gusta	el cine. (NOMBRES EN SINGULAR)
(A ti)	te		ir al cine. (VERBOS)
(A él/ella/usted)	le		
(A nosotros/nosotras)	nos		
(A vosotros/vosotras)	os		
(A ellos/ellas/ustedes)	les	gusta**n**	la**s** película**s** de guerra. (NOMBRES EN PLURAL)

▶ En estos verbos, el uso de **a** + pronombre tónico (**a mí**, **a ti**, **a él** /**ella** / **usted**, **a nosotros/as**, **a vosotros/as**, **a ellos** / **ellas** / **ustedes**) no es obligatorio.

- Pablo es muy aventurero, **le** encanta viajar solo y **le** interesan mucho las culturas indígenas.

- ¿Qué aficiones tenéis?
- ○ **A mí me** gusta mucho leer y hacer deporte.
  ~~Yo me gusta mucho leer...~~
- ■ **A mí me** encanta el teatro. ¿Y **a ti**?

PRESENTE DE INDICATIVO

	CANT**AR**	LE**ER**	VIV**IR**
(yo)	cant**o**	le**o**	viv**o**
(tú)	cant**as**	le**es**	viv**es**
(él/ella/usted)	cant**a**	le**e**	viv**e**
(nosotros/nosotras)	cant**amos**	le**emos**	viv**imos**
(vosotros/vosotras)	cant**áis**	le**éis**	viv**ís**
(ellos/ellas/ustedes)	cant**an**	le**en**	viv**en**

▶ La terminación de la primera persona del singular es igual en las tres conjugaciones.

▶ Las terminaciones de la tercera conjugación son iguales que las de la segunda excepto en la primera y en la segunda personas del plural.

Usamos el presente de indicativo para:

- hacer afirmaciones atemporales: **Un día tiene 24 horas**.
- hablar de hechos que se producen con una cierta frecuencia o regularidad: **Voy mucho al gimnasio**.
- hablar del presente cronológico: **¡Estoy aquí!**
- pedir cosas y acciones en preguntas: **¿Me pasas la sal?**
- hablar de intenciones: **Mañana voy a París**.
- relatar en presente histórico: **En 1896 se celebran las primeras Olimpiadas de la era moderna**.
- formular hipótesis: **Si esta tarde tengo tiempo, te llamo**.
- dar instrucciones: **Bajas las escaleras, giras a la derecha y ahí está la biblioteca**.

MÁS GRAMÁTICA

IRREGULARIDADES EN PRESENTE

DIPTONGACIÓN: E > IE, O > UE

	CERRAR	PODER
(yo)	cierro	puedo
(tú)	cierras	puedes
(él/ella/usted)	cierra	puede
(nosotros/nosotras)	cerramos	podemos
(vosotros/vosotras)	cerráis	podéis
(ellos/ellas/ustedes)	cierran	pueden

▶ Muchos verbos de las tres conjugaciones tienen esta irregularidad en presente. Este fenómeno no afecta ni a la primera ni a la segunda personas del plural.

CIERRE VOCÁLICO: E > I

	PEDIR
(yo)	pido
(tú)	pides
(él/ella/usted)	pide
(nosotros/nosotras)	pedimos
(vosotros/vosotras)	pedís
(ellos/ellas/ustedes)	piden

▶ El cambio de **e** por **i** se produce en muchos verbos de la tercera conjugación en los que la última vocal de la raíz es **e**, como **pedir**.

G EN LA PRIMERA PERSONA DEL SINGULAR

▶ Existe un grupo de verbos que intercalan una **g** en la primera persona del singular.

salir → **salgo**   poner → **pongo**   valer → **valgo**

▶ Esta irregularidad puede aparecer sola, como en **salir** o en **poner**, o en combinación con diptongo en las otras personas, como en **tener** o en **venir**.

	TENER	VENIR
(yo)	tengo	vengo
(tú)	tienes	vienes
(él/ella/usted)	tiene	viene
(nosotros/nosotras)	tenemos	venimos
(vosotros/vosotras)	tenéis	venís
(ellos/ellas/ustedes)	tienen	vienen

ZC EN LA PRIMERA PERSONA DEL SINGULAR

▶ Los verbos terminados en **-acer**, **-ecer**, **-ocer** y **-ucir** también son irregulares en la primera persona del singular.

conocer → **conozco**   producir → **produzco**

CAMBIOS ORTOGRÁFICOS

▶ Atención a las terminaciones en **-ger** y **-gir**. Debemos tener en cuenta las reglas ortográficas al conjugarlos.

escoger → **escojo**   elegir → **elijo**

PRETÉRITO PERFECTO

	PRESENTE DE HABER	+ PARTICIPIO
(yo)	he	
(tú)	has	
(él/ella/usted)	ha	cantado
(nosotros/nosotras)	hemos	leído
(vosotros/vosotras)	habéis	vivido
(ellos/ellas/ustedes)	han	

▶ El pretérito perfecto se forma con el presente del auxiliar **haber** y el participio pasado (**cantado**, **leído**, **vivido**).

▶ El participio pasado es invariable. El auxiliar y el participio son una unidad, no se puede colocar nada entre ellos. Los pronombres y adverbios se colocan siempre delante del auxiliar.

- *Ya he ido al banco.*
- *Los hemos visto esta mañana.*
- *He ya ido al banco.*
- *Hemos los visto esta mañana.*

▶ Usamos el pretérito perfecto para referirnos a acciones o acontecimientos ocurridos en un momento pasado no definido. No se dice cuándo ha ocurrido la acción porque no interesa o no se sabe. Se acompaña de marcadores como **ya/todavía no**; **siempre/nunca/alguna vez/una vez/dos veces/muchas veces**.

- *¿**Ya has hablado** con tu madre?*
- ***Todavía no hemos llamado** a Raquel.*
- ***Nunca he estado** en Gijón.*
- *¿**Has visto alguna vez** un oso panda?*
- ***Siempre me ha gustado** la gente sincera.*

▶ También usamos el pretérito perfecto para referirnos a acciones realizadas en un pasado que aún no ha acabado.

- *Esta semana **he ido** a cenar con Antonio.*
- *Este año **hemos estado** en Cuba.*

▶ Y para referirnos a acciones muy recientes o muy vinculadas al momento actual.

- *Hace un rato **he hablado** con tu hermana.*

PARTICIPIO

▶ El participio pasado se forma agregando las terminaciones **-ado** en los verbos de la primera conjugación e **-ido** en los verbos de la segunda y de la tercera conjugación.

cant**ar** → cant**ado**   beb**er** → beb**ido**   viv**ir** → viv**ido**

▶ Hay algunos participios irregulares.

abrir* → **abierto**	poner → **puesto**
decir → **dicho**	ver → **visto**
escribir → **escrito**	volver → **vuelto**
hacer → **hecho**	romper → **roto**
morir → **muerto**	

* Todos los verbos terminados en **-brir** tienen un participio irregular acabado en **-bierto**.

▶ El participio tiene dos funciones. Como verbo, acompaña al auxiliar **haber** en los tiempos verbales compuestos y es invariable. Como adjetivo, concuerda con el sustantivo en género y en número y se refiere a situaciones o estados derivados de la acción del verbo. Por eso, en esos casos, se utiliza muchas veces con el verbo **estar**.

Eva se **ha cansado**. → Eva está **cansada**.
Han cerrado las puertas. → Las puertas están **cerradas**.
Han roto la ventana. → La ventana está **rota**.
Bea **ha abierto** los sobres. → Los sobres están **abiertos**.

SE IMPERSONAL

▶ En español, podemos expresar la impersonalidad de varias maneras. Una de ellas es con la construcción **se** + verbo en tercera persona.

- *La tortilla española **se hace** con patatas, huevos y cebollas.*
- *En España **se cena** muy tarde.*

SER/ESTAR/HAY

▶ Para ubicar algo en el espacio, usamos el verbo **estar**.

- *El ayuntamiento **está** frente a la estación.*
- *El libro **está** en la sala.*

▶ Pero si informamos acerca de la existencia, usamos **hay** (del verbo **haber**). Es una forma única para el presente, y solo existe en tercera persona. Se utiliza para hablar tanto de objetos en singular como en plural.

- ***Hay** un cine en la calle Reforma.*
- ***Hay** muchas escuelas en esta ciudad.*
- ***Hay** un concierto esta noche.*

! **¡ATENCIÓN!**

- En mi pueblo hay **un** cine / **dos** bibliotecas... **mucha** gente / **algunos** bares... calles muy bonitas...
- **El** cine Astoria **está** en la plaza.
- **Las** bibliotecas **están** en el centro histórico.

▶ Para informar sobre la ubicación de un evento ya mencionado, usamos **ser**.

- *El concierto **es** en el Teatro Albéniz.*
- *La reunión **es** en mi casa.*

▶ Con adjetivos, usamos **ser** para hablar de las características esenciales del sustantivo y **estar** para expresar una condición o un estado especial en un momento determinado.

- *David **es** estudiante.*
- *La casa **es** pequeña.*
- *David **está** cansado.*
- *La casa **está** sucia.*

▶ También usamos **ser** cuando identificamos algo o a alguien o cuando hablamos de las características inherentes de algo.

- *Pablo **es** mi hermano.*
- *Pablo **está** mi hermano.*
- *El gazpacho **es** una sopa fría.*
- *El gazpacho **está** una sopa fría.*

▶ Con los adverbios **bien/mal**, usamos únicamente **estar**.

- *Este libro **está** muy bien; es muy interesante.*

VERBOS

REGULARES

PRESENTE	PRETÉRITO PERFECTO	PRESENTE	PRETÉRITO PERFECTO	PRESENTE	PRETÉRITO PERFECTO
estudiar	Participio: **estudiado**	**comer**	Participio: **comido**	**vivir**	Participio: **vivido**
estudio estudias estudia estudiamos estudiáis estudian	he estudiado has estudiado ha estudiado hemos estudiado habéis estudiado han estudiado	como comes come comemos coméis comen	he comido has comido ha comido hemos comido habéis comido han comido	vivo vives vive vivimos vivís viven	he vivido has vivido ha vivido hemos vivido habéis vivido han vivido

IRREGULARES

PRESENTE	PRETÉRITO PERFECTO	PRESENTE	PRETÉRITO PERFECTO	PRESENTE	PRETÉRITO PERFECTO
actuar	Participio: **actuado**	**adquirir**	Participio: **adquirido**	**almorzar**	Participio: **almorzado**
actúo actúas actúa actuamos actuáis actúan	he actuado has actuado ha actuado hemos actuado habéis actuado han actuado	adquiero adquieres adquiere adquirimos adquirís adquieren	he adquirido has adquirido ha adquirido hemos adquirido habéis adquirido han adquirido	almuerzo almuerzas almuerza almorzamos almorzáis almuerzan	he almorzado has almorzado ha almorzado hemos almorzado habéis almorzado han almorzado
caer	Participio: **caído**	**coger**	Participio: **cogido**	**comenzar**	Participio: **comenzado**
caigo caes cae caemos caéis caen	he caído has caído ha caído hemos caído habéis caído han caído	cojo coges coge cogemos cogéis cogen	he cogido has cogido ha cogido hemos cogido habéis cogido han cogido	comienzo comienzas comienza comenzamos comenzáis comienzan	he comenzado has comenzado ha comenzado hemos comenzado habéis comenzado han comenzado
conducir	Participio: **conducido**	**conocer**	Participio: **conocido**	**dar**	Participio: **dado**
conduzco conduces conduce conducimos conducís conducen	he conducido has conducido ha conducido hemos conducido habéis conducido han conducido	conozco conoces conoce conocemos conocéis conocen	he conocido has conocido ha conocido hemos conocido habéis conocido han conocido	doy das da damos dais dan	he dado has dado ha dado hemos dado habéis dado han dado

PRESENTE	PRETÉRITO PERFECTO	PRESENTE	PRETÉRITO PERFECTO	PRESENTE	PRETÉRITO PERFECTO
decir	Participio: **dicho**	**dirigir**	Participio: **dirigido**	**distinguir**	Participio: **distinguido**
digo dices dice decimos decís dicen	he dicho has dicho ha dicho hemos dicho habéis dicho han dicho	dirijo diriges dirige dirigimos dirigís dirigen	he dirigido has dirigido ha dirigido hemos dirigido habéis dirigido han dirigido	distingo distingues distingue distinguimos distinguís distinguen	he distinguido has distinguido ha distinguido hemos distinguido habéis distinguido han distinguido
dormir	Participio: **dormido**	**enviar**	Participio: **enviado**	**estar**	Participio: **estado**
duermo duermes duerme dormimos dormís duermen	he dormido has dormido ha dormido hemos dormido habéis dormido han dormido	envío envías envía enviamos enviáis envían	he enviado has enviado ha enviado hemos enviado habéis enviado han enviado	estoy estás está estamos estáis están	he estado has estado ha estado hemos estado habéis estado han estado
haber	Participio: **habido**	**hacer**	Participio: **hecho**	**incluir**	Participio: **incluido**
he has ha/hay (impersonal) hemos habéis han	ha habido	hago haces hace hacemos hacéis hacen	he hecho has hecho ha hecho hemos hecho habéis hecho han hecho	incluyo incluyes incluye incluimos incluís incluyen	he incluido has incluido ha incluido hemos incluido habéis incluido han incluido
ir	Participio: **ido**	**leer**	Participio: **leído**	**mover**	Participio: **movido**
voy vas va vamos vais van	he ido has ido ha ido hemos ido habéis ido han ido	leo lees lee leemos leéis leen	he leído has leído ha leído hemos leído habéis leído han leído	muevo mueves mueve movemos movéis mueven	he movido has movido ha movido hemos movido habéis movido han movido
oír	Participio: **oído**	**poder**	Participio: **podido**	**poner**	Participio: **puesto**
oigo oyes oye oímos oís oyen	he oído has oído ha oído hemos oído habéis oído han oído	puedo puedes puede podemos podéis pueden	he podido has podido ha podido hemos podido habéis podido han podido	pongo pones pone ponemos ponéis ponen	he puesto has puesto ha puesto hemos puesto habéis puesto han puesto
querer	Participio: **querido**	**reír**	Participio: **reído**	**reunir**	Participio: **reunido**
quiero quieres quiere queremos queréis quieren	he querido has querido ha querido hemos querido habéis querido han querido	río ríes ríe reímos reís ríen	he reído has reído ha reído hemos reído habéis reído han reído	reúno reúnes reúne reunimos reunís reúnen	he reunido has reunido ha reunido hemos reunido habéis reunido han reunido

VERBOS

PRESENTE	PRETÉRITO PERFECTO	PRESENTE	PRETÉRITO PERFECTO	PRESENTE	PRETÉRITO PERFECTO
saber	Participio: **sabido**	**salir**	Participio: **salido**	**ser**	Participio: **sido**
sé sabes sabe sabemos sabéis saben	he sabido has sabido ha sabido hemos sabido habéis sabido han sabido	salgo sales sale salimos salís salen	he salido has salido ha salido hemos salido habéis salido han salido	soy eres es somos sois son	he sido has sido ha sido hemos sido habéis sido han sido
servir	Participio: **servido**	**tener**	Participio: **tenido**	**traer**	Participio: **traído**
sirvo sirves sirve servimos servís sirven	he servido has servido ha servido hemos servido habéis servido han servido	tengo tienes tiene tenemos tenéis tienen	he tenido has tenido ha tenido hemos tenido habéis tenido han tenido	traigo traes trae traemos traéis traen	he traído has traído ha traído hemos traído habéis traído han traído
valer	Participio: **valido**	**vencer**	Participio: **vencido**	**venir**	Participio: **venido**
valgo vales vale valemos valéis valen	he valido has valido ha valido hemos valido habéis valido han valido	venzo vences vence vencemos vencéis vencen	he vencido has vencido ha vencido hemos vencido habéis vencido han vencido	vengo vienes viene venimos venís vienen	he venido has venido ha venido hemos venido habéis venido han venido
ver	Participio: **visto**				
veo ves ve vemos veis ven	he visto has visto ha visto hemos visto habéis visto han visto				

PARTICIPIOS IRREGULARES

abrir	**abierto**	freír	**frito/freído**	poner	**puesto**
cubrir	**cubierto**	hacer	**hecho**	romper	**roto**
decir	**dicho**	ir	**ido**	ver	**visto**
escribir	**escrito**	morir	**muerto**	volver	**vuelto**
resolver	**resuelto**				

GLOSARIO
alfabético

Abreviaturas empleadas:
f femenino
m masculino
pl plural

Se indican entre paréntesis las irregularidades de los verbos en presente de indicativo: (g), (i), (ie), (ue), (y), (zc).

Ubicación de las palabras en el Libro del alumno:
U1_CON unidad 1, índice de contenidos (parte superior de la segunda página de cada unidad)
U2_12A unidad 2, actividad 12, apartado A
U3_GR unidad 3, página de gramática
U3_EC unidad 3, sección "En construcción"

GLOSARIO alfabético

A

a	U0_CON	actividad cultural *f*	U2_4A
a la plancha	U2_12A	actividad *f*	U0_4
a la romana	U7_3B	activo/-a	U3_7A
a las	U6_5A	actor *m*, actriz *f*	U1_8C
a menudo	U6_3A	actuación *f*	U5_4A
a partir de	U4_CON	actualidad *f*	U8_7A
a pie	U8_3A	actualmente	U4_13A
a primera vista	U9_4A	actuar	U5_12B
¿a qué te dedicas?	U1_7B	además	U2_12A
a veces	U6_2A	adiós	U0_3
a ver	U7_6A	adjetivo *m*	U3_GR
abandonado/-a	U9_11A	administración *f*	U8_10A
abecedario *m*	U1_CON	adobado/-a	U7_10A
abierto/-a	U8_3A	adolescente	U4_8C
abrazo *m*	U5_3A	¿adónde vas?	U5_7B
abrir	U6_3A	adulto/-a	U9_10A
abuelo/-a	U2_12A	adverbio *m*	U8_CON
aburrido/-a	U9_2A	aeropuerto *m*	U1_1
acabado/-a	U2_GR	afeitarse	U6_2A
accesorio *m*	U4_12A	afición *f*	U5_11A
acción *f*	U5_GR	afirmativo/-a	U9_4A
aceite *m*	U7_1A	agencia de viajes *f*	U1_2A
aceitunas *f, pl*	U7_1A	agosto	U8_3A
acompañamiento *m*	U7_GR	agradable	U5_3C
Aconcagua	U3_7A	agricultor/a	U9_10A
aconsejar	U7_7A	agua con gas *f*	U7_4A
acostarse (ue)	U6_5A	agua *f*	U6_8A
		aguacate *m*	U7_10A

ahora		U7_10A	alquilar		U4_7A	
ahora mismo		U7_4A	alquiler	m	U8_7A	
aire libre		U5_12B	alta velocidad		U8_3A	
ajedrez	m	U9_6B	alto/-a		U3_7A	
ají	m	U7_10A	amable		U3_4A	
ajo	m	U7_10A	amado/-a		U9_4A	
al (a+el)		U4_7A	amante		U5_12B	
al final		U4_9C	amarillo/-a		U4_2A	
al horno		U7_7A	Amazonas		U3_GR	
al lado de/del		U8_5A	ambicioso/-a		U6_3A	
al menos		U6_12B	ambiente	m	U8_4A	
al vapor		U7_7A	ambulante		U7_10A	
Alaska		U3_2	América		U3_7A	
alcohol	m	U7_GR	América Central		U7_10A	
alegre		U8_3A	América Latina		U2_6A	
alemán/-ana		U1_2A	americano/-a		U3_2	
algo		U1_EC	amigo/-a		U1_9A	
¿algo más?		U7_4A	amistad	f	U2_12A	
alguien		U2_5A	amor	m	U1_9C	
algún, alguno/-a		U2_12A	Ámsterdam		U9_3A	
alguna vez		U9_4A	anchoa	f	U7_7A	
alimentación	f	U6_9A	andino/-a		U7_10A	
alimentos	m, pl	U7_7A	animal	m	U9_10A	
allí		U3_4A	años	m, pl	U1_8C	
almendro	m	U1_1	antes (de)		U6_7A	
almorzar	(ue)	U7_10A	anticuchera	f	U7_10A	
almuerzo	m	U7_GR	anticucho	m	U7_10A	
alojamiento	m	U9_11A	antiguo/-a		U3_4A	

cincuenta y nueve | 59

GLOSARIO alfabético

antipático/-a	U9_2A	asado/-a	U7_10A
apartado de	U3_3A	Asia	U3_10A
correos *m*		asistencia *f*	U8_10A
apartamento *m*	U4_11A	aspecto físico *m*	U5_11A
apasionado/-a	U9_4A	aspecto *m*	U3_13A
apellido *m*	U1_7A	aspirina *f*	U4_3A
aprender	U2_4A	Asturias	U3_GR
aproximadamente	U5_10C	atención *f*	U4_12A
aptitud *f*	U9_CON	atender *(ie)*	U9_11A
aquí	U3_4A	atraído/-a	U9_11A
arena *f*	U3_4A	atreverse	U6_3A
arepas *f, pl*	U7_10A	atún *m*	U7_2A
arepera *f*	U7_10A	aula *f*	U2_GR
Argentina	U3_6B	aunque	U7_10A
argentino/-a	U1_2A	autobús *m*	U3_4A
arquitectura *f*	U1_2A	aventurero/-a	U5_3C
arroz a la cubana *m*	U7_3B	avión *m*	U6_GR
arroz con leche *m*	U7_3B	azúcar *f*	U7_6A
arroz *m*	U7_7A	azul	U4_2A
arte *m*	U1_1	azul claro	U4_8C
artesanal	U7_6A		
artículo	U2_8C	**B**	
determinado *m*		bacalao *m*	U7_7A
artículo	U3_GR	bailar	U1_6A
indeterminado *m*		baile *m*	U2_4A
artículo *m*	U2_GR	bajo *m*	U9_1A
artista	U5_12C	bajo/-a	U5_3C
artístico/-a	U6_12B	balcón *m*	U6_8A

60 | sesenta

ballet *m*	U6_12B	**blanco/-a**	U4_2A
baloncesto *m*	U5_GR	**bloque de pisos** *m*	U8_7A
banco *m*	U4_8C	**bocadillo** *m*	U7_2C
baño *m*	U6_GR	**bocata** *m*	U7_2A
bar *m*	U2_4A	**Bogotá**	U3_6B
barato/-a	U4_4A	**bohemio/-a**	U8_7A
Barcelona	U4_13A	**bolígrafo** *m*	U1_4
barrio *m*	U8_2C	**bollería** *f*	U7_7A
basílica *f*	U8_3A	**bolso** *m*	U4_1A
bastante	U2_9A	**bombón** *m*	U9_3A
bastante bien	U2_CON	**bonito/-a**	U3_4A
batería *f*	U9_7A	**Boston**	U9_3A
beber	U3_6B	**botas** *f, pl*	U4_8C
bebida *f*	U3_3A	**botella** *f*	U7_4A
beis	U4_GR	**brasileño/-a**	U1_2A
béisbol *f*	U3_13A	**brocheta** *f*	U7_10A
belga	U1_GR	**bruto/-a**	U6_3A
Berlín	U5_2B	**buen**	U6_2A
beso *m*	U9_3A	**buen aspecto**	U6_2A
biblioteca *f*	U8_2A	**buen precio**	U4_13A
bicicleta *f*	U8_7A	**buen tiempo**	U5_12B
bien	U2_5A	**buenas noches**	U0_3
bien comunicado/-a	U8_1A	**buenas tardes**	U0_3
bienal *f*	U5_12B	**bueno**	U5_7B
bife *m*	U3_9A	**bueno/-a**	U2_8C
bilingüe	U1_5B	**Buenos Aires**	U2_7A
biquini *m*	U4_3A	**buenos días**	U0_3
bistec *m*	U7_3B	**buey** *m*	U7_10A

sesenta y uno | **61**

GLOSARIO alfabético

buscar	U2_5A	camote *m*	U7_10A
		campamento de verano *m*	U5_7B
C			
cabalgata *f*	U6_8A	camping *m*	U4_11A
caballo *m*	U3_9A	campo *m*	U9_11A
cacao *m*	U3_2B	canasta *f*	U7_10A
cactus *m*	U4_2A	canción *f*	U2_11B
cada año	U2_7A	Cancún	U3_3A
cada uno/-a	U4_12A	candidato/-a	U9_7A
cada vez más	U9_11A	canelones *m, pl*	U7_3B
cadena de tiendas *f*	U4_13A	cansado/-a	U9_6B
café *m*	U3_2B	cantante	U5_2A
cafetería *f*	U7_10A	cantar	U1_5A
cajero automático *m*	U8_2A	cante *m*	U5_2A
calamar *m*	U7_2A	capacidad *f*	U9_GR
calcetín *m*	U4_12B	capital *f*	U3_1B
calidad *f*	U4_13A	cara *f*	U6_2A
caliente	U7_6A	Caracas	U3_13A
cállate la boca	U4_2A	carácter *m*	U5_11A
calle *f*	U1_1	característica *f*	U5_12C
calor *m*	U3_GR	carbón *m*	U6_8A
cama *f*	U6_7A	carnaval *m*	U3_13A
camarero/-a	U1_5A	carné de conducir *m*	U4_7A
cambiar	U9_10A	carné de identidad *m*	U4_3A
camello *m*	U6_8A	carne *f*	U2_12A
camino *m*	U3_1B	carné *m*	U9_6B
camisa *f*	U4_8C	carne picada *f*	U7_10A
camiseta *f*	U4_2A	caro/-a	U4_5A

carretera *f*	U3_2	cepillo *m*	U4_3A
carta (de un	U7_GR	cerca	U8_6B
restaurante) *f*		cerca de	U3_13A
carta *f*	U6_8A	cerca de	U9_11A
casa *f*	U1_5A	(alrededor de)	
casarse	U6_3A	cereales *m, pl*	U7_7A
casco antiguo *m*	U8_3A	cerrado/-a	U5_GR
casero/-a	U6_9A	cerveza *f*	U7_6A
casi	U2_5A	champú *m*	U4_3A
casi nunca	U6_7A	chaqueta *f*	U4_3A
casi todo	U2_5A	chatear	U2_3A
castañuela *f*	U3_GR	chau	U0_3
cata de vinos *f*	U2_4A	chico/-a	U2_5A
catalán/ana	U3_2D	Chile	U3_1A
catedral *f*	U8_2D	chile *m*	U2_12A
cebolla *f*	U7_2A	chileno/-a	U2_4A
celebración *f*	U7_10A	China	U3_10A
celebrarse	U5_12A	chino mandarín *m*	U3_10A
cena *f*	U6_6A	chino/-a	U5_3A
cenar	U4_7C	choclo *m*	U7_10A
céntimo *m*	U4_9A	chorizo *m*	U7_1A
céntrico/-a	U8_4A	cine *m*	U1_1
centro comercial *m*	U8_2A	ciudad *f*	U2_1A
centro *m*	U3_2B	ciudadano/-a	U8_10A
centro *m*	U8_9B	claro	U5_2A
Centroamérica	U3_7A	clase *f*	U1_CON
Centroamérica	U3_GR	clases	U2_4A
cepillo de dientes *m*	U4_3A	particulares *f, pl*	

sesenta y tres | **63**

GLOSARIO alfabético

cliente	U4_12A	compañero/-a de clase	U1_CON
clima *m*	U3_2B		
club social *m*	U2_4A	compañero/-a de piso	U9_7A
cobre *m*	U3_2B		
coche *m*	U4_1B	compañero/-a de trabajo	U1_12B
cocido/-a	U7_7A		
cocina española *f*	U2_4A	compartir	U9_7A
cocinar	U1_6A	compi	U9_7A
cocinero/-a	U1_2A	complemento *m*	U4_2A
colección *m*	U1_5A	comprar	U4_1B
Colombia	U3_6B	comprender	U2_5A
colombiano/-a	U2_3A	comunicado/-a	U8_1A
colón *m*	U3_2B	comunicar	U1_4
color *m*	U4_9A	comunidad autónoma *f*	U8_10A
comedor *m*	U9_10C		
comentario *m*	U3_4A	comunitario/-a	U8_7A
comer	U6_5A	con	U0_4
comerciante	U9_10A	concierto *m*	U5_5A
comercio *m*	U8_10A	concordancia *f*	U3_GR
comida *f*	U1_5A	concurso *m*	U3_3A
comida *f*	U6_6A	conducir *(zc)*	U9_6A
cómo	U1_4	conductor *m*	U4_8C
como	U1_5A	conectado/-a	U8_3A
¿cómo estás?	U0_3	confuso/-a	U9_3A
¿cómo te llamas?	U0_1A	congelado/-a	U7_7A
comodidad *f*	U8_7A	conjugación *f*	U1_GR
compañero/-a	U2_6B	conjugado/-a	U2_GR
		conmigo	U2_4A

64 | sesenta y cuatro

conocer (zc)	U1_CON	costa atlántica f	U3_3A
conocerse (zc)	U5_3A	costa f	U3_2B
conocido/-a	U3_4A	Costa Rica	U9_GR
consejo m	U7_7A	costar (ue)	U4_9A
conservatorio m	U9_6B	cotidiano/-a	U4_CON
consonante f	U3_GR	cotilla	U6_3A
construido/-a	U8_7A	creado/-a	U4_13A
consumidor/a	U8_10A	crear	U7_CON
contaminación f	U3_GR	creer	U4_10A
contar (ue)	U2_12A	crema f	U6_2A
contemporáneo/-a	U5_12B	crema solar f	U4_3A
contenedor de basura m	U8_2A	criar	U9_11A
		crisis económica f	U9_11A
contestar	U3_3A	criterio m	U8_10A
contexto m	U4_GR	crítica f	U6_3A
contigo	U9_4A	criticar	U6_3A
continente m	U3_2	croqueta f	U7_1A
contrastar	U5_CON	cruasán m	U7_GR
corazón m	U7_10A	crudo/-a	U7_7A
corbata f	U4_8C	cuaderno m	U0_4
cordero m	U7_7A	¿cuál?	U1_7B
coro m	U6_12B	cuál/cuáles	U3_GR
corrala f	U8_7A	cualidad f	U9_2A
correo electrónico m	U1_7A	cualquier/a	U7_10A
correspondiente	U7_GR	cuando	U4_7C
corto/-a	U4_3A	¿cuándo?	U6_GR
cosa f	U3_4A	cuantificador m	U3_CON
coser	U9_6B	¿cuánto?	U5_2A

sesenta y cinco | **65**

GLOSARIO alfabético

cuánto/cuántos	U1_GR	deber (dinero)	U7_GR
¿cuántos años tienes?	U1_7B	deberes *m, pl*	U6_3A
		decidir	U2_CON
Cuba	U3_1A	decir *(i) (g)*	U0_4
cuenta *f*	U1_5A	decisión *f*	U9_11A
cuerpo *m*	U6_2A	declararse	U9_4A
cuidado *m*	U9_4A	dedicarse	U1_10D
cuidar	U6_2A	defecto *m*	U9_2A
cultura *f*	U1_EC	definir	U3_GR
cultural	U8_7A	dejar	U9_11A
cumpleaños *m*	U7_10A	del tiempo	U7_6A
curioso/-a	U6_3A	delante (de)	U4_GR
curso *m*	U2_4A	delgado/-a	U5_GR
		demasiado	U8_3A
D		demostrar *(ue)*	U9_4A
danza *f*	U6_12B	demostrativo *m*	U4_GR
dar	U1_CON	dentro	U7_10A
dar clase	U9_10A	dependiente	U8_5E
datos pesonales *m, pl*	U1_CON	deporte *m*	U3_13A
		deportista	U5_11B
¿de dónde eres?	U1_7B	derecha *f*	U8_5A
de mayor	U6_3A	desayunar	U7_10A
de moda	U9_11A	desayuno *m*	U6_8A
de noche	U2_GR	descendiente	U3_13A
de pie	U7_10A	describir	U3_CON
de todo	U5_4A	desde... hasta	U3_2
de unos ... años	U4_13A	desear	U7_4A
de/del	U1_1	desempleado/-a	U9_11A

desenvolverse *(ue)*	U7_CON	distribución *f*	U4_13A
desierto *m*	U3_2	divertido/-a	U5_3C
desnatado/-a	U7_7A	divorciado/-a	U5_GR
desorganizado/-a	U9_2A	doble	U1_GR
despedida *f*	U0_3	dólar *m*	U3_2B
despedirse	U1_GR	domingo *m*	U6_1A
despertarse *(ie)*	U6_8A	donde	U5_12B
despistado/-a	U9_2A	dónde	U3_CON
después	U3_1B	dónde	U8_6B
día *m*	U4_11A	dormilón/-ona	U6_11
dialecto *m*	U3_10A	dormir *(ue)*	U6_1C
diario/-a	U6_CON	droguería *f*	U1_1
dibujar	U6_12B	ducharse	U6_7A
diente *m*	U6_7A	dulces *m, pl*	U7_7A
dieta *f*	U7_7A	durante	U5_12B
diferente	U6_3A		
dinero *m*	U4_3A	**E**	
dirección *f*	U1_11B	e	U1_1
director/a	U1_8C	echar de menos	U9_11A
dirigido/-a	U4_13A	ecoaldea	U9_11A
disco *m*	U5_2A	edad *f*	U1_7A
disculpe	U8_GR	edificio *m*	U8_3A
diseñador/-a gráfica	U1_11B	educación *f*	U8_10A
diseñar	U6_12B	egoísta	U6_3A
diseño *m*	U2_4A	el Caribe	U3_5A
disfrutar	U5_7B	él, ella	U1_11B
distinto/-a	U9_3A	el, la	U0_4
distintos/-as	U7_10A	elaborar	U7_5A

GLOSARIO alfabético

elegante	U8_7A	enrollado/-a	U7_10A
elegido/-a	U5_11A	ensalada *f*	U7_1A
elegir *(i)*	U1_CON	enseguida	U7_4A
ellos, ellas	U1_11B	entender *(ie)*	U0_4
emblemático/-a	U8_7A	entonces	U5_12B
embutido *m*	U7_2A	entrante *m*	U7_10A
empanada *f*	U3_2B	entre	U5_12B
empezar *(ie)*	U6_1C	entre … y …	U9_4A
empleado/-a	U4_8C	entregar	U6_11D
empresa *f*	U1_2A	entusiasmar	U6_3A
empresarial	U4_13A	enviar	U3_3A
empresario/-a	U1_2A	envuelto/-a	U7_10A
en	U0_4	equipo de fútbol *m*	U3_9A
en casa de	U6_6A	es mentira	U2_12A
en directo	U5_5A	es verdad	U4_11B
en general	U8_3A	escaparate *m*	U6_2A
en primer lugar	U9_2C	escribir	U0_4
en punto	U6_GR	escrito	U9_GR
en realidad	U6_8A	escritor/a	U5_2A
en todas partes	U5_4A	escuchado/-a	U9_GR
en venta	U9_11A	escuchar	U2_7A
enamorado/-a	U9_3A	escuela *f*	U1_7A
enamorarse	U9_8A	eso	U6_2A
encantar	U5_3A	España	U2_3A
encanto *m*	U8_7A	español/a	U0_2A
encontrar *(ue)*	U4_12A	especial	U6_2A
enero	U6_8A	especializado/-a	U4_13A
enfermero/-a	U1_7A	especialmente	U5_12B

68 | sesenta y ocho

especias *f, pl*		U7_10A		excepción *f*		U2_GR
espectacular		U9_11A		excursión *m*		U2_2A
esperar		U5_3A		existencia *f*		U3_GR
esquí *m*		U5_2A		existir		U6_3A
esquiar		U1_6A		éxito *m*		U4_13A
esquina *f*		U8_5A		experiencia *f*		U2_4A
establecimiento *m*		U7_GR		experiencia laboral *f*		U9_10B
estación de metro *f*		U8_2A		explicar		U2_GR
estadio de fútbol *m*		U3_GR		exposición *f*		U2_2A
estado *m*		U3_3A		expresar		U2_GR
Estados Unidos		U2_12A		expresión *f*		U1_11B
estadounidense		U2_12A		extinguido/-a		U9_11A
estar		U0_4		extranjero/-a		U4_7A
este/-a		U0_4				
estilo de vida *m*		U9_11A		**F**		
estilo *m*		U4_10A		fabricar		U4_13A
esto		U0_4		fabuloso/-a		U3_3A
estrecho/-a		U8_4A		falda *f*		U4_10A
estrella *f*		U5_12B		familia *f*		U2_10A
estrés *m*		U9_11A		familiar		U6_6A
estudiante		U1_2A		famoso/-a		U3_9A
estudiar		U2_2A		fantasma *m*		U4_2A
estudio *m*		U8_10A		fantástico/-a		U9_3A
estudios *m, pl*		U9_10B		farmacia *f*		U8_5A
estudioso/-a		U6_3A		fatal		U5_6A
euro *m*		U3_2D		favorito/-a		U5_2A
Europa		U5_12B		febrero		U3_4A
Everest		U3_GR		fecha *f*		U5_12C

sesenta y nueve | **69**

GLOSARIO alfabético

femenino/-a	U2_8B	fuera	U9_7A
feo/-a	U8_1A	fumar	U6_9A
festival *m*	U5_12B	furgo	U4_2A
fideos *m, pl*	U7_4A	fútbol *m*	U1_6A
fiesta de cumpleaños *f*	U4_7C		

G

fiesta *f*	U2_12A	gafas de sol *f, pl*	U4_3A
fiesta popular *f*	U3_3A	Galicia	U3_GR
fiestas *f, pl*	U8_3A	gallego/-a	U3_2D
fin de semana *m*	U6_1A	gallopinto *m*	U3_2B
fin *m*	U2_11A	gamba *f*	U7_1A
final *m*	U8_5A	ganar	U3_3A
físico *m*	U5_GR	ganar dinero	U6_3A
flamenco *m*	U2_4A	ganas *f, pl*	U3_4A
flor *f*	U9_3A	gas *m*	U1_5B
forma impersonal *f*	U7_CON	gastronómico/-a	U7_CON
formar	U9_4D	gato *m*	U1_5B
foto *f*	U3_2C	gazpacho *m*	U2_12A
fotografía *f*	U5_3A	gel de baño *m*	U4_3A
francés/-esa	U1_7A	general	U1_5B
Francia	U4_13A	generalizar	U7_GR
frase *f*	U0_4	generalmente	U7_10A
frecuencia *f*	U6_CON	género *m*	U1_GR
frecuente	U7_7A	generoso/-a	U9_2A
frío/-a	U2_12A	gente *f*	U2_12A
frito/-a	U7_3B	gente mayor *f*	U8_7A
fruta *f*	U7_3B	geografía *f*	U3_GR
frutos secos *m, pl*	U7_7A	gestión *f*	U8_10A

70 | setenta

gimnasio *m*	U1_5B	habitación *f*	U6_8A
gol *m*	U1_5B	habitante	U3_3A
golf *m*	U5_GR	hábito *m*	U6_CON
gordito/-a	U5_GR	habitual	U7_10A
gorra *f*	U4_8A	habla *m*	U2_6A
gorro *m*	U4_12B	hablador/a	U5_3C
gracias	U0_4	hablar	U0_2A
graduar	U2_GR	hace calor	U3_4A
gramatical	U1_CON	hace frío	U3_5A
grande	U3_7A	hace sol	U8_3A
gris	U4_4A	hacer (g)	U2_4B
gritar	U6_8A	hacer deporte	U2_2A
grupo de música *m*	U6_1A	hacer fotos	U2_2A
grupo *m*	U4_13A	hacer preguntas	U6_3A
guacamole *m*	U2_12A	harina *f*	U7_10A
guapo/-a	U5_11B	hasta la vista	U2_12A
Guatemala	U3_6B	hasta luego	U0_3
guerra *f*	U1_5B	hasta pronto	U0_3
guía de montaña	U4_11B	hay	U3_3A
guisado/-a	U7_7C	hay que	U8_3A
guitarra *f*	U1_5B	hecho/-a	U7_10A
gustado	U9_GR	helado *m*	U7_3B
gustar	U5_3A	hermano/-a	U2_12A
gusto *m*	U1_5B	hielo *m*	U7_6A
		hijo/-a	U5_7A
		hispano/-a	U1_EC
H		hispanoamericano/-a	U2_7A
haber	U9_GR	historia *f*	U1_1
habilidad *f*	U9_CON		

setenta y uno | **71**

GLOSARIO alfabético

histórico/-a	U8_1A	imaginar	U8_CON
hogar *m*	U4_2A	impaciente	U9_2A
hoja de papel *f*	U1_4	importante	U1_11B
hoja *f*	U7_10A	imprescindible	U5_12B
hola	U0_1A	impresionante	U8_3A
Holanda	U4_13A	impuntual	U9_2A
hombre	U4_8C	incluso	U7_10A
Honduras	U3_6B	increíble	U3_4A
hora *f*	U6_1A	indeciso/-a	U6_3A
horno *m*	U7_GR	independiente	U5_4A
hortaliza *f*	U7_2A	indígena	U3_3A
hospital *m*	U8_5A	indio/-a	U7_1B
hostelero/-a	U9_10A	información *f*	U2_11A
hotel *m*	U1_1	informática *f*	U1_2A
hoy	U3_4A	informático/-a	U5_11B
huerto *m*	U9_10A	infusión *m*	U3_6B
huevo *m*	U7_2A	ingeniero/-a	U9_3A
huevo pasado por agua *m*	U7_7A	Inglaterra	U3_5A
		inglés/-esa	U1_2A
húmedo/-a	U3_4A	ingredientes *m, pl*	U7_2C
		iniciativa *f*	U9_11A
I		injusticia *f*	U6_3A
idealista	U6_3A	inmigrante	U8_7A
identificar	U3_GR	instrumento *m*	U6_12B
idioma *m*	U2_6A	intelectual	U6_9A
iglesia *f*	U8_4A	inteligente	U6_3A
igualmente	U5_7B	intención *f*	U2_CON
imagen *f*	U3_13A	intercambio *m*	U2_4A

interés *m*	U3_2B	jamón York *m*	U7_2A
interesante	U1_EC	Japón	U4_13A
interesar	U5_4A	japonés/-esa	U0_4
interesarse por	U9_11A	jazz	U5_4A
interior *m*	U3_2B	jefe/-a	U1_5B
internacional	U1_1	jersey *m*	U4_5A
internet *m*	U2_11A	jornada *f*	U9_11A
invariable	U3_GR	joven	U1_5B
inversor/a	U9_11A	jóvenes *pl*	U8_7A
invierno *m*	U3_5C	juerguista	U6_9A
invitado/-a	U5_11B	jueves *m*	U2_4A
ir a	U0_4	jugar *(ue)*	U1_5B
ir al baño	U6_10A	juguete *m*	U4_1A
ir de compras	U2_2A	julio	U5_12B
ir de viaje	U4_7A	junio	U5_12B
irlandés/-esa	U2_5A	justo	U8_5A
irresponsable	U9_2A	juvenil	U4_13A
irse	U9_11A		
isla de Pascua *f*	U3_2B	**K**	
isla *f*	U3_1B	kilómetro *m*	U3_2
islas Cíes *f, pl*	U3_GR		
islas Galápagos *f, pl*	U3_2B	**L**	
Italia	U2_12A	lácteo *m*	U7_2A
italiano/-a	U1_2A	lago *m*	U3_9A
izquierda	U8_6A	largo/-a	U3_1B
		Latinoamérica	U2_GR
J		latinoamericano/-a	U2_4A
jamón serrano *m*	U5_9B	lavarse	U6_7A

setenta y tres | **73**

GLOSARIO alfabético

le/les	U5_GR	llamarse	U0_1A
leal	U9_GR	llave *f*	U9_8A
leche *f*	U7_6A	llegada *f*	U5_12B
lechuga *f*	U7_2A	llegar	U6_8A
leer	U1_6A	llevar	U4_3B
lejos	U8_5A	llover *(ue)*	U3_4A
lejos de	U8_4A	lluvioso/-a	U3_3A
lempira *m*	U3_6B	lo	U9_2C
lengua *f*	U0_2A	lo más	U1_EC
lengua materna *f*	U2_9B	lo siento	U0_4
lengua oficial *f*	U2_12C	locro *m*	U3_2B
lentejas *f, pl*	U7_3B	logo *m*	U4_2A
levantarse	U6_1A	lomo *m*	U7_10A
léxico *m*	U1_CON	los demás	U6_3A
libro *m*	U1_4	luego	U4_12A
licor *m*	U7_GR	lugar de nacimiento *m*	U5_2A
liga española *f*	U2_4A		
lila	U4_8A	lugar de origen *m*	U1_7B
limón *m*	U7_6A		
limpieza *f*	U8_7A	lugar *m*	U3_2B
limpio/-a	U9_7A	lunes *m*	U3_4A
lindo/-a	U3_3A		
lingüístico/-a	U5_3A	**M**	
lío *m*	U9_3A		
lista *f*	U4_CON	macarrones *m, pl*	U7_9B
literatura española *f*	U2_4A	macho *m*	U2_12A
literatura *f*	U2_1A	madre *f*	U1_12B
llamado/-a	U7_10A	Madrid	U2_4A
		maestro/-a	U9_10A

maíz *m*	U7_10A	**mate** *m*	U3_6B
majo/-a	U5_GR	**máximo/-a**	U4_12A
mal	U8_1A	**maya**	U3_3A
maleta *f*	U4_GR	**mayo**	U5_12B
mañana	U3_4A	**mayonesa** *f*	U7_2C
manera *f*	U7_CON	**mayor**	U3_7A
manga corta *f*	U4_2A	**mayoría** *f*	U6_2A
manga larga *f*	U4_2A	**media hora** *f*	U6_1A
maniático/-a	U6_6A	**medias** *f, pl*	U4_8A
mano *f*	U7_10A	**medio**	U8_10A
mantequilla *f*	U7_10A	**ambiente** *m*	
maquillarse	U6_2A	**medio/-a**	U9_11A
mar *m, f*	U5_3A	**mediodía** *m*	U6_GR
maravilloso/-a	U3_4A	**medios**	U6_12B
marca *f*	U4_2A	**audiovisuales** *m, pl*	
marido *m*	U5_7A	**meditación** *f*	U9_11A
marinero/-a	U8_9B	**mejor**	U2_5A
marrón	U4_GR	**mejor amigo/-a**	U5_1B
marroquí	U1_GR	**mejorar**	U2_5A
martes *m*	U6_6A	**melón** *m*	U2_12A
más	U3_GR	**mencionar**	U4_GR
más alto	U0_4	**menos**	U6_2A
más de	U3_9A	**mensaje** *m*	U5_3A
más de	U3_GR	**mentir** *(ie)*	U9_4A
más despacio	U0_4	**menú del día** *m*	U1_1
más o menos	U5_4A	**mercado laboral** *m*	U8_10A
masa *f*	U7_10A	**mercado** *m*	U3_4A
masculino/-a	U2_8B	**merendar** *(ie)*	U7_GR

GLOSARIO alfabético

merengue *m*	U2_4A	momia *f*	U4_2A
merienda *f*	U7_GR	moneda *f*	U3_2B
merluza *f*	U7_3B	montaña *f*	U2_8A
mes *m*	U5_12B	montar	U9_11A
mesa *f*	U1_4	montar	U4_11A
metro *m*	U1_1	a caballo	
mexicano/-a	U3_GR	monte *m*	U6_1A
México	U3_3A	monumento *m*	U8_3A
mezclado/-a	U7_10A	moreno/-a	U5_3C
mi	U1_2A	motivo *m*	U6_12B
mí	U2_1B	moto *f*	U2_GR
mi amor	U2_12A	movida *f*	U2_12A
miércoles *m*	U6_1A	móvil *m*	U1_7B
mil	U4_GR	movilidad *f*	U8_10A
millón *m*	U3_2B	muchísimo/-a	U5_4A
mínimo	U6_2A	mucho	U2_11B
minuto *m*	U6_2A	mucho/-a	U3_4A
mío/-a	U5_GR	muchos/-as	U2_5A
mirar	U0_4	muestra *f*	U2_12A
mirarse	U6_2A	mujer *f*	U4_8C
mismo/-a	U5_4A	multinacional *f*	U4_13A
mixto/-a	U7_4A	mundo hispano *m*	U3_12A
mochila *f*	U1_4	mundo *m*	U2_12C
moda *f*	U4_2A	municipal	U1_1
modelo *m*	U4_2A	municipio *m*	U9_11A
moderno/-a	U8_1A	museo *m*	U1_1
mojito *m*	U3_6A	música clásica *f*	U5_4A
momento *m*	U5_12B	música electrónica *f*	U5_4A

música *f*	U2_1A	nieto/-a	U5_7A
musical	U3_GR	ningún, ninguno/-a	U3_3A
músico/-a	U9_3A	niño/-a	U6_3A
muy	U2_8C	nivel de vida *m*	U8_10A
muy bien	U2_9A	no	U0_4
muy bonito	U3_GR	no hay	U3_4D
		no importa	U3_4A
		no puedo	U9_6A

N

nacer *(zc)*	U3_GR	no sé	U3_8A
nachos *m, pl*	U7_1A	noche *f*	U2_2A
nacional	U3_13A	nombre *m*	U1_2A
nacionalidad *f*	U1_2B	normal	U5_3C
nada	U6_3A	normalmente	U2_8B
nadar	U9_6B	noroeste *m*	U7_10A
naranja	U4_2A	norte *m*	U3_2
naranja *f*	U5_2A	nosotros/-as	U2_5B
nativo/-a	U2_4A	noticias *f, pl*	U2_11A
naturaleza *f*	U2_1A	novela rosa *f*	U9_4A
Navidad *f*	U7_10A	novio/-a	U2_3A
necesidad *f*	U4_GR	nube *f*	U3_5A
necesitar	U6_2A	nublado/-a	U3_5A
negativo/-a	U5_GR	nuestro/-a	U4_1B
negocio *m*	U4_8C	Nueva York	U9_3A
negro/-a	U3_4A	nuevas	U6_12B
neorural	U9_11A	tecnologías *f, pl*	
nevado/-a	U3_1B	nuevo/-a	U2_8C
nevar *(ie)*	U3_5A	numeral *m*	U4_GR
ni	U2_5A		

setenta y siete | 77

GLOSARIO alfabético

número de teléfono *m*	U1_7B
número *m*	U1_GR
numeroso/-a	U2_GR
nunca	U4_1B

O

o	U1_11B
objeto directo *m*	U2_GR
objeto *m*	U4_12A
obrero/-a	U8_7A
ocasión *f*	U6_2A
ocio *m*	U8_10A
octubre	U8_3A
ocurrido	U9_GR
odiar	U6_2A
oeste *m*	U3_9A
oferta *f*	U8_7A
ofrecer *(zc)*	U4_13A
ojo *m*	U2_4A
ópera *f*	U5_6A
oportunidad *f*	U9_11A
optimista	U9_GR
ordenador *m*	U1_4
ordenador portátil *m*	U4_3B
organización *f*	U8_10A

organizado/-a	U6_6A
organizar	U9_11A
otoño *m*	U3_5C
otro/-a	U0_2A

P

paciencia *f*	U9_10C
paciente	U9_2A
Pacífico	U3_4A
padre *m*	U2_12A
paella *f*	U2_12A
pagar	U7_GR
página *f*	U0_4
página web *f*	U6_12B
país *m*	U2_12A
paisaje *m*	U8_10A
palabra *f*	U1_11B
palacio *m*	U3_4A
pamplonés/-esa	U8_10A
pan integral *m*	U7_7A
pan *m*	U7_1A
Panamá	U7_10A
Panamericana *f*	U3_2
panorámica *f*	U3_7C
pantalón, pantalones *m*	U4_3A
papa *f*	U7_10A
papelera *f*	U1_4

par *m*	U9_GR	pavo *m*	U7_7A
para	U1_7B	peatonal	U8_2A
para mí	U1_EC	pedir *(i)*	U1_CON
parada de autobús *f*	U8_2A	película *f*	U2_4A
Paraguay	U3_6B	peluquería *f*	U6_2A
parecer *(zc)*	U5_3D	pensar *(ie)*	U0_4
pareja *f*	U1_12B	peor	U8_10A
París	U4_13A	pepino *m*	U7_2A
parking *m*	U8_2A	pequeño/-a	U3_6B
parque *m*	U8_2A	Pequín	U3_10A
parque natural *m*	U3_2B	perder *(ie)*	U9_8A
parrilla *f*	U7_10A	perdón	U8_6B
parrillada *f*	U7_10A	perdone	U7_4A
participar	U9_11A	perezoso/-a	U6_6A
participio *m*	U9_GR	perfecto/-a	U4_10C
partido *m*	U2_4A	perfume *m*	U6_2A
pasaporte *m*	U4_7A	perfumería *f*	U1_1
pasar	U2_6A	periódico *m*	U2_11B
pasar por	U3_2	periodista	U1_2A
pasarlo bien	U9_3A	pero	U2_5A
pasear	U2_GR	perro/-a	U6_1A
pasión *f*	U5_3A	persona *f*	U2_12A
pasta de dientes *f*	U4_3A	pertenecer *(zc)*	U4_13A
pasta *f*	U7_1B	Perú	U3_GR
pastor/a	U9_11A	peruano/-a	U3_GR
Patagonia *f*	U2_10A	pescado *m*	U7_2A
patata *f*	U7_2A	pescador/a	U8_9B
patio *m*	U8_7A	pesimista	U9_GR

setenta y nueve | **79**

GLOSARIO alfabético

peso *m*	U3_2B	politécnico/-a	U2_5A
petróleo *m*	U3_8A	política *f*	U6_3A
piano *m*	U9_6B	pollo *m*	U7_2A
picar	U7_1B	poner *(g)*	U4_12A
piedra *f*	U8_3A	poner *(g)*	U7_4A
pimiento *m*	U7_GR	poner la lavadora *(g)*	U9_7A
pincho *m*	U7_10A	ponerse *(g)*	U6_2A
pingüino *m*	U1_5B	pop *m*	U5_4A
pintar	U6_12B	popular	U3_13A
piscina *f*	U8_9B	por	U2_3A
piso *m*	U9_7A	por aquí	U8_5A
pizarra *f*	U1_4	por ejemplo	U2_12A
pizza *f*	U7_7A	por eso	U3_13A
planchar	U6_2A	por favor	U0_4
planeta *m*	U3_7A	por fin	U3_1B
plantar	U9_11A	por la mañana	U6_1A
plátano *m*	U7_10A	por la noche	U6_1A
plato *m*	U2_7A	por la tarde	U3_4A
playa *f*	U0_4	por las mañanas	U6_7A
plaza *f*	U3_4A	¿por qué?	U6_9A
plural	U2_8C	porcentaje *m*	U6_12B
población *f*	U3_2B	porque	U2_3A
poblado/-a	U3_7A	portugués/-esa	U2_9B
poco/-a	U3_5A	posesivo *m*	U5_CON
poder *(ue)*	U0_4	postal *f*	U2_11A
poema *m*	U5_2A	postre *m*	U7_3B
poesía *f*	U9_3A	practicar	U2_4A
policía *f*	U4_8C	precio *m*	U4_1B

80 | ochenta

precioso/-a	U3_4A	profesor/a	U1_2A		
preferencia f	U4_CON	programa	U9_11A		
preferido/-a	U5_2A	educativo m			
preferir (ie)	U4_4A	programa m	U5_12B		
pregunta f	U1_7B	programar	U5_12B		
preguntar	U1_7B	pronombre	U2_CON		
premio m	U6_11	personal m			
prenda de vestir f	U4_CON	pronunciación f	U2_11A		
preparado/-a	U7_7A	pronunciar	U1_4		
preparar	U6_8A	protector solar m	U4_7A		
preposición f	U2_GR	provincia f	U5_12B		
presente	U4_13A	proyecto m	U9_10A		
presente de	U2_CON	proyector m	U1_4		
indicativo m		publicado/-a	U3_4A		
presumido/-a	U6_2A	público m	U4_13A		
pretérito perfecto m	U9_CON	pueblo m	U2_1A		
primavera f	U4_2A	puede ser	U9_4A		
primer, primero/-a	U4_13A	pues	U2_2B		
primero	U6_7A	puesto m	U7_10A		
primero m	U7_3B	puntual	U9_2A		
primo/-a	U5_7A				
principio m	U5_3C	**Q**			
problema m	U9_3A	que	U0_4		
producir (zc)	U7_5C	qué bien	U5_7B		
producto m	U3_2B	¿qué desea?	U4_9A		
productor/a	U3_7A	¿qué opinas?	U9_3A		
profesión f	U1_2B	¿qué tal?	U0_3		
profesional	U6_12B	¿qué tal...?	U2_9B		

ochenta y uno | **81**

GLOSARIO alfabético

¿qué?	U0_4
quechua *m*	U3_2B
quedarse	U5_GR
querer *(ie)*	U1_EC
queso fresco *m*	U7_2A
queso *m*	U7_1A
quién	U5_GR
¿quién es?	U1_12A
quilo *m*	U1_5A
Quito	U3_2B

R

ración *f*	U3_6B
radio *f*	U5_5A
ranchera *f*	U3_3A
raro/-a	U6_6A
rato *m*	U6_8A
realista	U9_GR
realizado/-a	U8_10A
realizar	U9_CON
recomendable	U7_GR
recomendación *f*	U8_3A
recomendar *(ie)*	U5_12B
reconocer *(zc)*	U9_11A
recordar *(ue)*	U9_4A
recorrer	U3_2
recto	U8_5A
recurso *m*	U1_CON

referirse a *(ie)*	U2_GR
reflexivo *m*	U6_CON
refresco *m*	U7_6A
regalo *m*	U4_12A
región *f*	U3_GR
regular	U2_GR
relación *f*	U5_11A
relacionado/-a	U2_12A
relajado/-a	U9_11A
rellenar	U7_10A
relleno/-a	U7_10A
rendirse *(i)*	U4_1B
repetir *(i)*	U0_4
repoblar *(ue)*	U9_11A
res *f*	U7_10A
resaltar	U8_CON
responder	U3_GR
responsable	U9_2A
respuesta *f*	U3_3A
restaurante *m*	U7_1B
resto *m*	U9_11A
resultado *m*	U6_2A
reunirse	U7_10A
revista *f*	U2_11B
rey *m*	U6_8A
Reyes Magos *m, pl*	U6_8A
ribera *f*	U8_3A
rico/-a	U3_4A

rico/-a	U6_3A	salchichón *m*	U7_7A		
río *m*	U3_GR	salir *(g)*	U2_2A		
riquísimo/-a	U7_5A	salir de noche *(g)*	U2_2A		
rock *m*	U5_12B	salsa *f*	U2_4A		
rojo/-a	U4_2A	saludar	U1_CON		
Roma	U7_5C	saludo *m*	U0_3		
romanticismo *m*	U9_4A	sandalias *f, pl*	U4_3A		
romántico/-a	U9_3A	sangría *f*	U2_12A		
ropa *f*	U1_11B	sanitario/-a	U8_10A		
ropa interior *f*	U4_3A	sano/-a	U6_9A		
rosa *f*	U9_4A	sardina *f*	U4_2A		
roto/-a	U9_GR	satisfecho/-a	U8_10A		
Rotterdam	U4_13A	secador de pelo *m*	U4_3A		
rubio/-a	U5_GR	seco/-a	U3_2B		
ruido *m*	U8_GR	secreto *m*	U2_4A		
ruidoso/-a	U8_1A	secuenciar	U6_GR		
ruinas mayas *f, pl*	U3_4A	seguir *(i)*	U8_5A		
rural	U9_11A	segundo *m*	U7_GR		
Rusia	U3_7C	segundo/-a	U3_1B		
ruso/-a	U5_3A	seguramente	U6_2A		
		seguridad *f*	U8_10A		
		selva amazónica *f*	U3_5A		

S

sábado *m*	U6_1C	selva *f*	U3_2
saber	U1_7B	semana *f*	U2_GR
¿sabías que...?	U9_11A	señor/a	U1_12A
sal *f*	U3_13A	sentimental	U5_GR
salado/-a	U7_10A	sentimiento *m*	U9_4A
salar	U3_13A	sentirse bien *(ie)*	U9_4A

ochenta y tres | **83**

GLOSARIO alfabético

septiembre			sobre todo	U5_3A
ser			sobrino/-a	U5_1A
serbio/-a		U1_CON	sociable	U5_3C
serio/-a		U2_12A	sofá *m*	U2_GR
servicios *m, pl*		U5_GR	sol *m*	U1_1
servicios		U8_1A	soler *(ue)*	U7_10A
públicos *m, pl*		U6_GR	solo	U4_12A
servir *(i)*		U6_GR	soñar *(ue)*	U6_3A
sevillano/-a		U8_3A	sonrisa *f*	U9_3A
si		U5_12B	sopa *f*	U2_12A
sí		U0_4	sorprendente	U3_13A
Siberia		U3_5A	sorpresa *f*	U9_3A
siempre		U2_5A	sucio/-a	U8_4A
sierra *f*		U9_3A	Sudamérica	U2_3A
siesta *f*		U6_11	sueco/-a	U1_2A
significar		U0_4	suerte *f*	U9_GR
silla *f*		U1_4	sujeto *m*	U2_CON
simpático/-a		U3_4A	superlativo	U3_CON
sin		U9_8A	supermercado *m*	U6_3A
sin duda		U9_4A	sur	U3_2
sin embargo		U9_GR	surf *m*	U4_11A
singular		U2_8C	sustantivo	U4_4A
sitio *m*		U8_3A		
situación *f*		U6_3A	**T**	
situado/-a		U8_3A	tacos *m, pl*	U7_10A
situar		U6_GR	Tailandia	U3_10C
sobrasada *f*		U7_2B	talla *f*	U4_2A
sobre		U1_EC	tamal *m*	U3_4A

84 | ochenta y cuatro

tamalería *f*	U7_10A	**ternera** *f*	U7_7A
también	U2_2B	**terraza** *f*	U8_3A
tampoco	U5_6A	**test** *m*	U6_2A
tan solo	U9_11A	**ti**	U1_12B
tango *m*	U2_7B	**tiempo** *m*	U6_2A
tapa *f*	U1_1	**tienda de ropa** *f*	U8_2A
taquería *f*	U7_10A	**tienda** *f*	U4_13A
tarde *f*	U0_4	**tímido/-a**	U5_3C
tarjeta de crédito *f*	U4_3A	**tío/-a**	U5_7A
taxi *m*	U1_1	**típico/-a**	U2_11A
te amo	U2_12A	**tipo** *m*	U4_12A
té *m*	U7_6A	**tirantes** *m, pl*	U4_2A
te quiero	U9_4A	**Titicaca**	U3_GR
teatro *m*	U1_1	**título** *m*	U5_2A
tele *f*	U1_4	**toalla** *f*	U4_3A
teléfono *m*	U1_7A	**tocar un instrumento**	U1_6A
telenovela *f*	U2_12A		
televisión *f*	U6_7A	**todo**	U6_GR
templado/-a	U3_2B	**todo el mundo**	U2_12A
templo *m*	U3_4A	**todo tipo de**	U7_10A
tendencia *f*	U4_2A	**todo/-a**	U2_5A
tener *(g) (ie)*	U1_GR	**todos**	U5_3A
tenis *m*	U1_6A	**todos los días**	U3_4A
tepuy *m*	U2_10A	**Tokio**	U4_13A
tequila *m*	U3_3A	**tomar**	U6_7A
terminación *f*	U9_4D	**tomate** *m*	U7_2A
terminado/-a	U2_8B	**tonelada** *f*	U3_13A
terminar	U9_4D	**tónico/-a**	U2_GR

ochenta y cinco | **85**

GLOSARIO alfabético

torero *m*	U2_12A	un poco	U6_3A
tortilla de patata *f*	U7_1A	un poco de	U2_9B
tortilla mexicana *f*	U2_12A	un/a	U1_2A
tostada *f*	U7_GR	unidad *f*	U1_EC
totalmente	U9_3A	uniforme *m*	U4_8C
trabajador/a	U6_3A	universidad *f*	U2_5A
trabajar	U1_2A	uno	U5_12B
trabajo *m*	U2_3A	urbano/-a	U8_10A
trabajo *m*	U5_4A	Uruguay	U3_6B
tradicional	U7_10A	usar	U2_12A
traductor/a	U1_2C	uso *m*	U2_CON
traer (g)	U7_4A	usted	U2_5B
tráfico *m*	U8_GR	usuario/-a	U8_10A
tranquilo/-a	U8_1A		
transporte *m*	U8_10A	**V**	
tren *m*	U8_3A	vacaciones *f, pl*	U1_9C
trigo *m*	U7_10A	vago/-a	U6_3A
trompeta *f*	U9_7A	vale	U0_4
tropical	U3_2B	valor *m*	U9_8A
tu	U1_7B	valoración *f*	U8_10A
tú	U0_1A	valorar	U8_10A
turista	U2_5A	varios/-as	U3_13A
turístico/-a	U3_2B	vasco/-a	U3_2D
		vecino/-a	U8_7A
U		vegetal	U7_2A
ubicación *f*	U3_GR	vendedor/a	U4_12A
últimamente	U5_4A	vender	U4_12A
último/-a	U9_3A	venezolano/-a	U5_3A

Venezuela	U2_10A	vino rosado *m*	U7_5A
venido/-a	U8_7A	vino tinto *m*	U7_5A
ventana *f*	U0_4	violín *m*	U5_8B
ver	U1_6A	virgen *f*	U8_3A
verano *m*	U4_2A	visitar	U2_7A
verbal	U2_GR	vivienda *f*	U8_7A
verbo *m*	U1_CON	vivir	U2_3A
verdad *f*	U3_8A	volcán *m*	U3_2B
verde	U4_4A	volcánico/-a	U4_11A
verdura *f*	U7_2A	volver *(ue)*	U6_8A
versión original *f*	U2_12A	volver a *(ue)*	U9_11A
vestido *m*	U4_8A	vosotros/-as	U1_10D
vestirse *(i)*	U6_2A	vuestro/-a	U5_3A
vez *f*	U6_2A		

Y

viajado	U9_GR		
viajar	U1_6A	y	U0_1A
viaje *m*	U1_9C	ya	U4_13A
vida *f*	U6_3A	yo	U1_3C
vida nocturna *f*	U2_1A	yoga *m*	U6_1A
vídeo *m*	U6_12B	yogur *m*	U7_7A
videojuego *m*	U6_12B		

Z

viejo/-a	U8_8A		
viento *m*	U3_5A	zapatillas	U4_8B
viernes *m*	U6_6A	deportivas *f, pl*	
vinagre *m*	U7_GR	zapato *m*	U4_1A
vinculado/-a	U6_12B	zona *f*	U7_10A
vino blanco *m*	U7_5A	zona verde *f*	U8_4A
vino *m*	U2_8A	zoo *m*	U1_5A

ochenta y siete | **87**

SI QUIERES CONSOLIDAR EL NIVEL A1, TE RECOMENDAMOS:

PREPARACIÓN PARA EL DELE

Las claves del nuevo DELE A1

SI QUIERES EMPEZAR CON EL NIVEL A2, TE RECOMENDAMOS:

PREPARACIÓN PARA EL DELE

Las claves del nuevo DELE A2

Y ADEMÁS:

NUEVA APP DE GRAMÁTICA ESPAÑOLA PARA IPAD Y TABLETAS ANDROID

http://appdegramatica.difusion.com

Mejora fácilmente tu español

Gramática Española es la *app* que te ayudará a dominar la gramática española

Disponible en el App Store

DISPONIBLE EN Google play